En recuerdo de nuestro amigo, colaborador y excelente
novelista Carlos Pérez Merinero (1950-2012).
No te olvidamos, querido bético.

www.revistaprotesis.com

Novela negra española,
bolsilibros,
cultura popular y
otras literaturas

Sumario

Prótesis. Publicación consagrada al crimen
Número 7. Primavera 2012
Editan David G. Panadero & Diábolo Ediciones
Dirige **David G. Panadero**
Consejo de redacción: Lorenzo Rodríguez Garrido, Rubén Sánchez Trigos, Carlos Pérez Merinero
Diseño de cubierta: Fernando Cámara
Maquetación: Erillas, S.L.
Ilustraciones: Vicente Monfort, Fernando Cámara, Paco Campos, César Fernández
www.revistaprotesis.com

DEPÓSITO LEGAL: SE-1605-2012
ISBN: 978-84-15153-50-4

Colaboran en este número: Fernando Cámara, Simon Coq, Luis Alberto de Cuenca, Tristán Duanel, Jesús Egido, Cristina Fallarás, Luis Gállego, Sonia García Soubriet, Alberto López Aroca, José Antonio López, Luis de Luis, Roberto Malo, Vicente Monfort, Olloqui, David G. Panadero, King Parker, J.F. Pastor Pàris, Andrés Peláez Paz, Carlos Pérez Merinero, Ignacio Pablo Rico, Manuel Rodríguez, Lorenzo Rodríguez Garrido, Virginia Romero, Frank G. Rubio, Marta Sanz, Carlos Sálem, Juan Salvador López, Rubén Sánchez Trigos, Óscar Urra, Amir Valle

Contacto: redaccion@revistaprotesis.com
Impreso por Publidisa. Impreso en España-Printed in Spain.

Editorial

Muchos profetas han señalado 2012 como el año definitivo, la llegada de grandes acontecimientos irreversibles: crisis, guerras, el año del Fin del Mundo… Para nosotros, simplemente se trata del décimo aniversario de Prótesis, y lo celebramos con este número especial que tienes entre las manos. Preferimos no buscar relaciones entre nuestra publicación consagrada al crimen y esas profecías apocalípticas, y rogamos al lector que tampoco lo haga.

Fue hace diez años cuando empezamos a editar la revista en papel, contando con pocos recursos, pero mucho entusiasmo y ganas de aprender. En todo este tiempo, la experiencia ha crecido, y hemos aprendido a ver con más perspectiva nuestro objeto de pasión: la novela negra. El distanciamiento que ofrecen los años no debería confundirse con cinismo ni desapego, pero, de cualquier manera, ayuda a valorar las cosas de forma más reposada.

Por eso, celebramos el décimo aniversario con un número de la revista que antes no hubiéramos sido capaces de hacer. Los años de lecturas se condensan en estas páginas ya sin el ímpetu del *fan fatal* que fuimos entonces, pero con una mano más firme y con más sentido del humor. Queda atrás la mitomanía, y tratamos con los libros y con sus autores con la familiaridad que da la convivencia de años y años.

A lo largo de los números de esta revista, hemos abordado varios monográficos, que ilustraban sobre distintas facetas de la novela negra española, ya sea a través de sus autores más emblemáticos —Andreu Martín, Juan Madrid, Francisco González Ledesma, Carlos Pérez Merinero—, ya a través de sus temáticas principales. En esta ocasión, hemos querido ofrecer un trabajo más general, que facilite al lector una visión de conjunto, abordando los inicios de la novela negra en España. Consideramos que la Transición es un periodo de sobra conocido, al menos para nuestros lectores, por lo cual nos hemos centrado en el estudio de la novela negra durante el franquismo, en especial, la obra de Francisco García Pavón. Sin duda, se trata de un pionero que no ha estado lo suficientemente reconocido, y cuya reivindicación apoyamos incondicionalmente.

Nuestro objetivo es que conservéis este número y lo sigáis recordando, incluso consultando, con el paso de los años. Aquí tenéis la culminación de un trabajo, y una experiencia literaria que compartimos generosamente con vosotros, porque esta es nuestra pasión. Siempre hemos pensado que valía la pena apostar por la novela negra española, aunque para conocerla haya que ser un poco detective, como decía Patricia Hart.

Novela negra española: caso abierto

Por David G. Panadero

Para muchos es difícil llegar al consenso cuando se intenta definir la novela negra. Precisamente por haber nacido como una manifestación de la cultura popular, los círculos académicos han visto el género como un fenómeno marginal que no merece estudio. Quizás por eso se encuentre en tierra de nadie. En estas páginas intentamos aproximarnos al concepto de la novela negra y a su repercusión y desarrollo en España, para llegar a la pregunta del millón: ¿existe la novela negra española? Este texto fue publicado por vez primera en el libro de actas del I Congreso Internacional de Ficción Criminal de la Universidad de León.

> Lo que le gustaba de esos libros era la sensación de plenitud y economía. La buena novela de misterio no tiene desperdicio, no hay ninguna frase, ninguna palabra que no sea significativa. E incluso cuando no es significativa, lo es en potencia, lo cual viene a ser lo mismo. El mundo del libro toma vida, bulle de posibilidades, de secretos y contradicciones. Dado que todo lo visto o dicho, incluso la cosa más vaga, más trivial, puede estar relacionada con el desenlace de la historia, es preciso no pasar nada por alto. Todo se convierte en esencia; el centro del libro se desplaza con cada suceso que lo impulsa hacia delante. El centro, por lo tanto, está en todas partes, y no se puede trazar ninguna circunferencia hasta que el libro ha terminado.

Ciudad de cristal
Paul Auster

A menudo surge el debate entre los críticos literarios que entran en serias polémicas cuando tratan de establecer una definición operativa de la novela negra. Parece no haber acuerdo posible; no resultan claras las diferencias entre novela policiaca y novela negra, y tampoco se vislumbran del todo las características propias de la una y la otra. No faltan, llegado el extremo, quienes consideran la novela negra como una corriente literaria ya desaparecida, cuyo legado ha sido recuperado, en cierto modo, por el *thriller*. Como pueden imaginarse, si hablar de novela negra es tan complicado, mencionar simplemente la novela negra española equivale a abrir un debate interminable donde sobran interrogantes y posturas escépticas que dudan de la existencia de tal movimiento. No obstante, no queremos dar por cerrado este caso, pues considéramos que en nuestro país se han escrito algunas de las obras más significativas dentro del género, desde una perspectiva bien diferenciada, aprovechando nuestro legado cultural y nuestra idiosincrasia. Aunque, y nos adelantamos a posibles críticas, damos por sentado que no siempre ha sido así, puesto que generalmente ha predominado una óptica extranjera, de mero mimetismo hacia los modelos anglosajones. Pero no saquemos conclusiones tan rápido, porque el caso sigue abierto.

PRIMEROS DISPAROS

Volvamos por unos instantes a la cita de Paul Auster que encabeza este texto. En ella, el escritor norteamericano hace una declaración de amor a la novela de misterio, señalando algunas de sus características esenciales, fácilmente extrapolables a la novela negra. De hecho, podemos imaginar que en realidad tuviese en mente tal género, puesto que en su novela *Ciudad de cristal*, que forma parte de la *Trilogía de Nueva York*, Auster no hace otra cosa que reformular la clásica novela de detectives norteamericana, acercándola a sus propias inquietudes existenciales y psicológicas.

Como decíamos, subraya la sensación de plenitud y economía de estos libros, así como la importancia vital del desenlace. De esa manera, con pocas palabras consigue una descripción elocuente de las características del género, al exponer la necesidad de que haya una historia plena, intensa —siempre partiendo de un comienzo sorprendente, que dispara la cuenta atrás—, que se desarrolle de manera sintética —una pista siempre lleva a otra, paso a paso, sin que haya puntos muertos—, basada en una estructura férrea, cerrada, que nos lleva a la culminación.

En estos términos podríamos describir los grandes clásicos de la novela negra norteamericana, generalmente escritos de forma que se puedan leer de manera rápida y sencilla, fibrosos gracias a una estructura que rebosa tensión narrativa, lo que no significa que carezcan de intención. Resulta indudable la importancia que el tiempo ha otorgado a los padres del género; cabe decir que sin Dashiell Hammett y Raymond Chandler, la literatura moderna no sería igual. Pero no olvidemos que ambos escribieron literatura de consumo, siendo conscientes de ello. De hecho, ambos coincidieron en la revista *pulp Black Mask*[1], revista que no iba dirigida precisamente a catedráticos de literatura, sino a las masas lectoras, que en esas páginas encontraban historias intensas, emocionantes, que sucedían en el corazón de la ciudad, que mostraban los bajos fondos y el lado más corrupto de la sociedad en que vivían. Era común en aquellas historias una perspectiva crítica que cuestionaba las autoridades. De

hecho, ahí se encuentra el rasgo distintivo de la novela negra norteamericana frente a la novela problema británica: el tono populista y de denuncia.

Establezcamos una diferencia: los clásicos de la literatura policiaca —citemos a Sir Arthur Conan Doyle y su celebérrimo Sherlock Holmes— proponían enigmas criminales que se resolvían sin excesiva alusión al entramado social ni aplicar mucho ojo crítico. Dichos enigmas se dilucidaban en el interior de elegantes salones y bibliotecas, entre esculturas y jarrones venecianos. Pero en la Norteamérica de los años veinte y treinta no abundaban las mansiones; la gente habitaba viviendas modestas, dentro de ciudades empobrecidas por las crisis económicas, de manera que los autores de *Black Mask* decidieron poner en contacto ese crimen de ficción con la realidad de las calles, despojándolo de su atractivo aire exótico pero añadiendo un culto agresivo a la acción, un aire de realismo combativo. Como se ha dicho en más de una ocasión, esos escritores arrojaron el jarrón veneciano a un callejón mal iluminado, donde quedó hecho añicos, y en ese ambiente urbano degradado, al filo de la medianoche, empezaron a escribir sus novelas.

Detengámonos en un detalle revelador: resulta curioso comprobar cómo la novela negra suele cumplir dos condiciones. Por una parte se trata de una literatura de género, que hasta hace bien poco, en determinados círculos académicos, ha sido considerada como subgénero; de paso se subrayaba su marginalidad y la condición de obra de consumo. Aunque, por otra parte, ha sido precisamente la vertiente ideológica de la novela negra, su crítica sin concesiones a la sociedad capitalista, la que ha propiciado una reivindicación, una dignificación por parte de generaciones enteras de lectores izquierdistas[2]. También habría que matizar que, en numerosas ocasiones, para ofrecer ese trasfondo de izquierdas, la novela negra se sirve de grandes

> La novela negra señala realidades dolorosas y no cuestiones planteadas en abstracto

Sherlock Holmes

visto por

Jardiel Poncela

■ Los 38 asesinatos y medio del Castillo de Hull
■ Novísimas aventuras de Sherlock Holmes

El crimen de ficción era algo exótico

dosis de ambivalencia moral, resaltando el carisma y el atractivo de los personajes más autodestructivos, a la vez que glorificando a los delincuentes...

LITERATURA PARA LA CRISIS

Comentábamos que la novela negra es literatura de género, lo que equivale a decir que se trata de literatura popular, alejada en principio de grandes ambiciones intelectuales. Pero lo que la distingue de otros géneros, como el terror o la ciencia ficción[3], es su sentido del compromiso social, ya que la novela negra, para ser considerada como tal, ha de señalar realidades dolorosas y no tratar sobre cuestiones planteadas en abstracto; antes bien, para ser efectiva ha de centrarse en asuntos que nos afectan en el día a día: cómo se imparte y administra la justicia, qué tipo de delincuencia predomina en cada momento, cuáles son las disfunciones sociales más alarmantes... Como podemos observar, la fuente de inspiración para estas obras puede ser la experiencia perso-

nal, un recorte de periódico, en definitiva, la realidad más inmediata constituye el mejor caldo de cultivo.

Por todas estas razones, podemos afirmar que la novela negra es un perfecto reflejo de su época. En el ensayo *El cine negro* (Paidós, 1996), los estudiosos Carlos F. Heredero y Antonio Santamarina comentan que el citado cine «contempla el sueño americano a través de un vidrio oscuro». Haciendo las sustituciones oportunas, bien podríamos aplicar el acertado aforismo a la novela negra, sea de la nacionalidad que sea. Y por motivos obvios, es más fácil que esta literatura se produzca en sociedades que tengan aseguradas la libertad de expresión, ya que una dictadura, como veremos en breve a propósito de nuestro país, podría no ser favorable hacia tales manifestaciones culturales[4].

Hechos todos los preliminares, y después de nuestro intento por establecer una definición del género, podemos ya centrarnos en el caso de la novela negra española y plantearnos la pregunta del millón: ¿entonces se ha escrito novela negra en España? Deberíamos ser cautos para no responder alegremente y, en todo caso, matizar suficientemente nuestra respuesta pues, en líneas generales, en España no se ha dado la suficiente cohesión entre escritores, ni hemos conocido excesiva continuidad como para poder afirmar que haya una escuela propia, suficientemente sólida. Tampoco deberíamos caer en la postura contraria y dar la espalda a este fenómeno literario, pues, en ciertas épocas, sobre todo entre el tardofranquismo y los primeros años de la democracia, apareció un bien nutrido grupo de novelistas especializados en el género negro, unido, además, por unas tendencias ideológicas lo suficientemente definidas y explícitas —las izquierdas y, a menudo, el comunismo—, y también por unas preferencias estéticas bastante claras: la novela negra norteamericana, su ambiente urbano, la peligrosidad de las calles...

Permitámonos retroceder en el tiempo para conocer los orígenes de la novela negra española. Lo primero que deberíamos hacer para profundizar en la materia es emplear la terminología de forma adecuada, ya que el término "negro" tardó bastante en introducirse en nuestro país. Durante las primeras décadas del siglo XX, España se mantuvo ajena al nuevo fenómeno literario, y se mostraba más receptiva hacia las ya comentadas novelas problema, o novelas de misterio británicas. De hecho, no faltaron autores que adaptasen estas novelas a la sensibilidad española, tan tendente al humor, y sobre todo al humor negro. Autores como Joaquín Belda, Wenceslao Fernández Flórez, Emilio Carrere o Enrique Jardiel Poncela empeñaron su talento en ofrecer una visión paródica y esencialmente castiza de la literatura de género, ambientando en nuestras calles y nuestras ciudades unas tramas imposibles, animados por la musicalidad pegadiza y achulada del género chico. De hecho, esta fue la visión dominante hasta los años treinta del pasado siglo. Nuestros literatos no se tomaban en serio la literatura de género, dado que se veían ajenos al rígido cartesianismo que imponía con sus razonamientos inapelables. Además, nuestros lectores contemplaban el crimen de ficción como algo exótico y cosmopolita, impropio del carácter español, pues aquellos argumentos podrían suceder en Boston, en Londres… pero nunca en San Sebastián o en Madrid.

Cabe señalar alguna excepción aislada, algún intento por establecer una novela policiaca puramente autóctona, ajena a las influencias de las novelas francesas, norteamericanas o inglesas. Destaca en este sentido R. Felino Bocillo, que con *Don Bruno o la fatalidad* (1938) se marcó el propósito de desterrar todo vestigio de extranjerismo, recreando para ello nuestras propias costumbres, a la vez que brindando una galería de personajes inconfundibles, que se comportan como lo haría cualquier persona de nuestras ciudades. Sin embargo estamos hablando de la excepción que confirma la norma, toda una rareza dentro de nuestras letras.

> Nuestros escritores se hacían pasar por extranjeros con seudónimos de fonética anglosajona

Por otro lado, el estallido de la Guerra Civil (1936-1939) paralizó completamente nuestras actividades editoriales y, llegada la posguerra, las novelas criminales que se escribían relataban, con mayor o menor fortuna, una intriga policiaca, aunque indefectiblemente, por razones obvias, se eludían las referencias políticas directas. En esta tesitura, la novela de género española parecía transcurrir en una España paralela, que no tenía nada que ver con lo que sucedía en aquellos momentos en el país, pues reflejaba una atmósfera donde las dificultades de la preguerra simplemente no habían existido, donde la posguerra era una época dominada por la tranquilidad y el orden.

Si bien algunos escritores se decantaron por una descripción de nuestro país bucólica y separada de la realidad, tampoco faltaron quienes optaron por ubicar sus argumentos en tierras extranjeras, a fin de evitar las represalias de la censura franquista. Además, de esa manera, nuestros escritores intentaban hacerse pasar por extranjeros con el uso de seudónimos de fonética anglosajona. Así ganaban credibilidad, pues evidentemente, para la mentalidad del lector de la época, resultaba prescriptivo que un género básicamente extranjero fuese escrito por extranjeros; la novela había de ser foránea para resultar creíble y aceptable.

Como perfecto ejemplo de esta coyuntura citaremos la novela *En el pueblo hay caras nuevas*, de José María Álvarez Blázquez, con la que resultó finalista del premio Eugenio Nadal de 1944[5]. No podemos dudar de la apreciable calidad literaria ni de la entidad que esta obra tuvo dentro de la novela policiaca, no obstante, es evidente que hablamos de una literatura maniatada, y todo ello se aprecia a la perfección si comentamos que la novela citada transcurre íntegramente en un pueblecito francés, bien lejos de los conflictos nacionales que se habían convertido en un tabú, que quizás muchos hubiesen querido señalar y denunciar.

Bolsilibros: un aprendizaje de perro

En efecto, por aquellos años, muchos escritores acusaron la influencia definitiva de las obras extranjeras, que se publicaban masivamente. De esta forma, se creó un afán de emulación. Además, los lectores seguían contemplando el crimen de ficción como algo muy alejado de nuestro entorno habitual, algo que no podía suceder en nuestro país, maltratado por la posguerra. Así, en los años cuarenta, nacería la novela policiaca popular, que entraba en competencia con las obras extranjeras, cuyas características se imitaban. Muchos de los autores populares habían sido previamente traductores, generalmente para la editorial Molino, de manera que gracias a su trabajo conocían a la perfección las novelas que imitaban. Y casi siempre elegían unos seudónimos que se pareciesen a sus verdaderos nombres. Tal es el caso de Guillermo López Hipkiss, autor de la serie *El encapuchado*, que firmaba sus novelitas como G. L. Hipkiss. O también Enrique Cuenca Granch, más conocido como H. C. Granch.

Por aquellos años, tres eran las editoriales que daban a conocer principalmente la obra de todos estos escritores. Nos referimos a Clíper, La Novela Aventura y Bruguera. Habría que subrayar que la competencia de estos autores y estas editoriales con las novelas extranjeras estaba abocada al fracaso, pues estas novelas eran, por emplear la frase hecha, "literatura para pobres hecha por gente pobre", obras modestas de puro escapismo, pergeñadas con pocas ambiciones artísticas. Generalmente, estas novelitas se adentraban en la fábula misteriosa, al estilo de Edgar Wallace y, si hemos de reconocerles un mérito, debe ser el de trascender las rígidas coordenadas de la novela problema británica, gracias al refrescante aire de fantasía que aportaron.

La década de los cincuenta trajo algunas novedades. Por fin, dentro de nuestras fronteras se empezó a hablar de novela negra gracias a la llegada de la "Série Noire" de la editorial francesa Gallimard, que había nacido en 1945. Una vez que se instauró el término entre nosotros, empezaron a cambiar las preferencias de los lectores, que se habían cansado de esas tramas imaginativas, misteriosas, estructuradas en torno al *whodunit* ("¿quién lo hizo?"). En esa década se empezaban a demandar novelas de acción, desarrolladas en ambientes urbanos, con un fondo marcadamente realista. Nuestros novelistas populares habían asumido la vertiente estética del género, centrándose en los bajos fondos, no obstante, aún tardarían en comprender el sentido del compromiso ético, el tono de denuncia que estas novelas requerían. Apuntaremos una curiosidad, que aclara hasta qué punto se estaba abandonando el modelo de la novela problema británica a favor de la novela negra norteamericana: el escenario habitual de estas novelitas de los años cincuenta era Estados Unidos. Por otro lado, estaban cayendo en desuso las viejas intrigas de salón; los nuevos lectores querían emociones fuertes, que se soltasen puños...

A su vez, llegó la industrialización en el proceso de producción de los libros, y en esta tesitura nacerían las llamadas, y tan lloradas, novelas de a duro, que editaban Rollán o Bruguera, entre otras casas. Al acelerarse el ritmo de la producción y edición, llegarían unas condiciones laborales estajanovistas para los escritores, que han creado una cierta mítica que todavía hoy se recuerda. Llegaron a firmarse contratos con los autores de hasta seis novelas al mes, todo ello con el objetivo de crear un catálogo amplio y muy variado, que se adaptase a las necesidades de todo tipo de lectores: novelas del Oeste, de terror, de ciencia ficción, sentimentales, policiacas… Algunos de los destajistas más representativos de la época fueron Alf Manz (Alfonso Rubio Manzanares), F. P. Duke (Fidel Prado Duque), o Edward Goodman (Eduardo Guzmán Espinosa).

Mención aparte dentro de este grupo de autores merece Silver Kane quien, hoy en día, es más conocido por su verdadero nombre: Francisco González Ledesma. Hace unos años tuvimos ocasión de entrevistarle, y nos habló de su formación como escritor de novelas de a duro, que él califica como "aprendizaje de perro".[6]

A continuación reproducimos parte de la conversación.

Pregunta: Para empezar, remontémonos a tu debut. ¿Cómo viviste el hecho de que *Sombras viejas* fuese premiada pero no publicada debido a la censura franquista?

Respuesta: Lo que pasó fue que entonces la censura franquista estaba en su apogeo, y pensaron que mi novela era de rojos y de pornógrafos. Tenían razón en que era una novela de rojos, ya que hablaba de los estudiantes de la República, los acontecimientos del 6 de octubre de Barcelona… y todo esto les pareció un pecado imperdonable. Lo de pornógrafo venía de que al final de la novela, el protagonista tocaba la pierna a su novia. Fui dos veces a Madrid para intentar salvar la novela, pero me dijeron que mientras Franco viviese yo no publicaría, y al final tuvieron razón.

Quizás si la novela se hubiese publicado con éxito, me hubiera vuelto un engreído. Lo mejor es que la vida te dé esas palizas que te van moldeando.

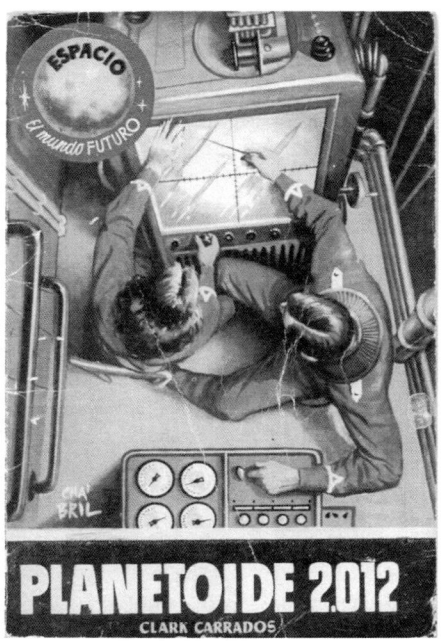

Bolsilibros, un mundo de novela

P: Entonces te hiciste escritor de novelas de a duro.

R: Antes de eso, a los diecinueve años, escribía los guiones de cómic del inspector Dan, y con eso mantenía a mi familia. Por las mañanas estudiaba Derecho y por las tardes hacía estos guiones, y sabiendo de mi gusto por la literatura, en Bruguera me propusieron escribir novelas de aventuras. Necesitaba el dinero y acepté un contrato de seis meses que se acabaron prorrogando hasta unos diez años. La verdad es que no me disgustaba hacer estas novelas.

Como podemos ver gracias al ejemplo de Silver Kane, a menudo, estas modestas novelitas de kiosco ofrecían un trasfondo sorprendente, pues muchos de sus autores trascendían la mera literatura de evasión para, de forma soterrada, brindarnos su visión del mundo, impregnando los argumentos de sus ideales de justicia y solidaridad[7].

Concluiremos este punto reflejando algunas anécdotas míticas que rodean el mundo del bolsilibro. Clark Carrados (Luis García

Planeta

Las implicaciones sociales del crimen

sociedad, acercándolo incluso en ocasiones al esperpento.

Bajo esta perspectiva crítica aparecieron algunas pocas novelas policiacas de interés, como *El inocente* (1953), de Mario Lacruz. Esta novela profundiza atinadamente en la psicología de los personajes y en las implicaciones sociales del crimen, sin embargo su autor, por miedo a las consecuencias de la censura, prefirió ubicar la acción en un país no identificado, aunque por algunos detalles de ambientación remita a ciertos parajes de la meseta castellana.

No podemos dejar de mencionar a Francisco García Pavón, escritor que reivindicamos desde estas páginas. García Pavón escribió una saga de novelas que transcurrían en la localidad de Tomelloso, protagonizada por Plinio, Jefe de la Policía Local. Su voluntad era escribir «novelas policiacas muy españolas, con la suficiente suspensión para el lector superficial que sólo quiere excitar sus nervios y la necesaria altura para que al lector sensible no se le cayeran de las manos». Cumplió estos propósitos, y además lo hizo empleando un gran talento literario. No es de extrañar que en la actualidad tanto un instituto de educación secundaria como un prestigioso premio literario lleven su nombre.

Como vemos, en las historias de Plinio la crítica social no se encontraba en primer término, y puede que los tiempos en que fueron escritas —entre finales de los años sesenta y mediados de los setenta— no fuesen favorables, pero en ellas se produce un fenómeno curioso: muchas veces la censura obliga a recurrir a metáforas elegantes y sutiles para exponer las situaciones que se quieren denunciar… Por otra parte, el punto fuerte de estas novelas se encuentra en la ambientación y la tipología, que de forma elegante pone al descubierto el subdesarrollo de la España rural, recurriendo en más de una ocasión a un fino humor, amparado en el pintoresquismo folklórico.

Sin duda, en este escritor encontramos un gran precedente para una escuela de novela policiaca asentada en Castilla, sin embar-

Lecha), escritor popular especializado en la ciencia ficción, era funcionario de prisiones en la Cárcel Modelo de Barcelona, y a mediados de los años cincuenta coincidió allí con dos presos políticos que eran militantes anarquistas y, además, escribían novela popular. Nos referimos a Lucky Marty (Enrique Martínez Fariñas) y Peter Capra (Pedro Guirao Hernández). Se cuenta que el editor Francisco Bruguera tuvo que visitar varias veces la cárcel para recoger los manuscritos que posteriormente editaría. Por cierto, ¿qué les parece esta anécdota como punto de partida para una novela?

UNA DOSIS DE REALISMO

Pero, evidentemente, no todo fueron novelas de kiosco por aquellos años. En los cincuenta el realismo emergió en nuestra literatura, y diversos autores de prestigio, como Camilo José Cela, Juan Goytisolo, Tomás Salvador o Luis Romero, contribuyeron a desdibujar ese retrato amable de nuestra

go, como todo lector sabrá, ha habido mayor tradición del género en Cataluña. Autores como Rafael Tasis, Manuel de Pedroso, Jaume Fuster, Manuel Vázquez Montalbán o Andreu Martín han hecho mucho por confirmar esa valiosa tradición, quizás eclipsando otras propuestas como la de García Pavón, que, insistimos, por fortuna ya empieza a ser recordado como merece.

HACIA UNA IDENTIDAD PROPIA

«Nos aburría tanto lo que escribían los otros e incluso lo que escribíamos nosotros, que hicimos lo que haría cualquiera en este caso. Escribir lo que nos gustaría leer. Y como reacción a la literatura merodeante que se llevaba en el tránsito de los años sesenta a los setenta, a manera de expiación contra el período de literatura clandestino-política-intervencionista, nos salieron historias en las que intervenía la aventura y el delito, porque eran las historias que más nos habían impresionado en el cine o en las novelas policiacas baratas, tan baratas que a veces las leíamos alquiladas o prestadas». Con tan pocas palabras, y de forma tan certera, retrata Manuel Vázquez Montalbán la postura de los escritores policiacos a partir del tardofranquismo[8]. Así es; estos escritores encontraron unos pocos antecedentes valiosos, sin embargo no existía en España una tradición propiamente dicha de novela negra, de forma que casi tuvieron que partir de cero para ofrecer una literatura de estas características que mostrase una voz propia, que aportase una entidad diferenciada y singular.

Como decíamos, a finales de los años setenta, tal y como menciona Vázquez Montalbán, se produjo una eclosión del género en España, pues multitud de jóvenes escritores encontraron en la novela negra la herramienta perfecta para difundir sus críticas hacia la recién desaparecida dictadura.

Hay que apreciar la delicada ironía del escritor cuando señala la emoción de las "novelas policiacas baratas", pues si bien el género entusiasmaba hasta el punto de marcar definitivamente a una generación entera

La ficción se politiza

de escritores, también se había perdido la ingenuidad de antaño y había quedado atrás la afabilidad de los "bolsilibros". Las ficciones criminales se politizaban, se cargaban de significado e intencionalidad.

Como hemos comentado anteriormente, fue en 1977 cuando Bruguera creó la colección "Libro Amigo, Novela Negra", donde se publicaron a los principales escritores norteamericanos del movimiento: Raymond Chandler, Dashiell Hammett, Ross Macdonald, Chester Himes, James M. Cain, David Goodis, Horace McCoy... Aunque estas obras ya eran conocidas para el lector español, el nuevo contexto político facilitó una reinterpretación crítica. Cambiaría definitivamente el paradigma dentro de la novela negra española. Muy lejos habían quedado la intriga británica y sus ambientes burgueses; se necesitaba una literatura que plasmase el conflicto social que se estaba viviendo. Y nuestros escritores lo pondrían todo de su parte para legarnos unas obras que, aún siguiendo un modelo norteamericano, reflejasen las inquietudes,

Andreu Martín, el más prolífico

prestigio. En efecto, Julián Ibáñez, Fernando Martínez Laínez, Andreu Martín y Juan Madrid encabezaron aquella promoción de jóvenes novelistas "negros"[10].

A lo largo de estas páginas hemos aludido en diversas ocasiones al carácter popular de la novela negra; de hecho, la mayor parte de los novelistas que hemos mencionado se han mantenido fieles a las reglas del juego, cultivando el género negro sin necesidad de buscarle mayores coartadas culturales. No obstante, durante los primeros años de democracia, muchos quisieron dignificar la novela negra, sobre todo por ver en ella la posibilidad de un juicio crítico. De esta manera, no faltaron tampoco escritores de gran prestigio cultural que, de una u otra manera, se han sumado al género. Nos referimos al ya citado Vázquez Montalbán, gurú del movimiento, que alcanzaría una enorme repercusión gracias a su personaje Pepe Carvalho. Y precisamente con *Los mares del sur* ganaría el premio Planeta en 1979. Tal es el caso de Francisco González Ledesma, el mismo que unas décadas atrás firmaba las novelitas como Silver Kane, quien logró el Planeta en 1984 por *Crónica sentimental en rojo*[11]. Jaume Fuster, Juan Marsé, Alfonso Grosso, Santiago Lorén, Alberto Miralles, Gonzalo Torrente Ballester, Raúl Guerra Garrido o Eduardo Mendoza serían algunos de los autores que, desde diversas perspectivas, intelectualizaron la novela negra española.

Durante la década de los ochenta siguieron surgiendo nuevos nombres que añadir al grupo de escritores especializados en la novela negra, como Carlos Pérez Merinero o Mariano Sánchez Soler. Sin embargo, pese al buen hacer de los autores y la animosidad de ciertas editoriales independientes, la recesión no se haría esperar, llegados ya los años noventa. Los nuevos lectores demandaban otro tipo de historias, y puede que el aire combativo, el sentido del compromiso no captase del todo su interés. De hecho, multitud de escritores se reciclaron dentro de la literatura infantil y juvenil, simultaneándola con la novela negra, como es el caso de Andreu Martín, Jor-

la vida cotidiana, las vicisitudes de los españoles. También quedaba muy lejos la época de los seudónimos deslumbrantes; la novela negra española iba ganando en importancia, superando la mera imitación de modelos extranjeros[9].

No pasemos por alto un detalle revelador: a menudo, en aquellos años, muchos periodistas daban el salto hacia la literatura negra. Como Juan Madrid, que desde 1974 escribió en la revista *Cambio 16*. O Jorge Martínez Reverte, que en la novela *Demasiado para Gálvez* (1979) describía, no sin humor, el caso Serfico, de corrupción inmobiliaria, que tuvo lugar en la Costa del Sol. Como vemos, la realidad social, así como una perspectiva crítica, había ganado un papel protagonista dentro de nuestra literatura negra.

Debemos alabar el carácter visionario de la editorial Sedmay, que en 1978 inauguró la colección "Círculo del crimen", donde dieron sus primeros pasos muchos novelistas especializados en el género que hoy disfrutan de

di Sierra i Fabra, Juan Madrid o Julián Ibáñez... La única conclusión que cabe sacar de todo esto es que nuestra industria editorial nunca ha sido lo suficientemente fuerte como para mantener a sus propios valores, que han tenido que diversificarse para poder subsistir.

Todas estas reflexiones nos llevan al punto de partida, a plantearnos la existencia de una novela negra netamente española. Como hemos visto, no han faltado autores inspirados ni títulos antológicos, sin embargo, como decíamos, resulta muy difícil encontrar cohesión y continuidad al movimiento.

Muchos estarán pensando en el actual "boom" editorial de la novela negra. Aún haciendo las salvedades que veamos oportunas; no obstante, si consideramos la vertiente ideológica del género, su crítica sin concesiones a la sociedad capitalista, el retrato de las fracturas sociales... ¿cuántos escritores del género encontraremos actualmente en España? ¿Entonces la novela negra es una moda "retro", sólo apta para nostálgicos? ¿O cabe esperar una nueva generación de escritores *hard boiled*?

Sin duda, el panorama literario que ofrece actualmente nuestro país es variado y rico en propuestas, y se puede decir que nuestros escritores de género han seguido un camino ascendente de profesionalización, que los equipara con plena igualdad de condiciones —y sin necesidad de usar aparatosos seudónimos— con los autores extranjeros, sean de la procedencia que sean. De hecho, los españoles ya somos capaces de escribir *best sellers* con proyección internacional[12]. No obstante, si intentamos responder a las preguntas que han surgido, deberíamos convenir que la novela negra, tal y como la hemos definido, se antoja como un fenómeno literario perteneciente al pasado, propio de los tiempos de crisis. Actualmente parecen interesar más los enigmas culturales, los misterios histórico-esotéricos, los libros encaminados al autoconocimiento, el desencanto generacional, las novelas que cruzan diversos géneros por medio de giros sorprendentes...

Reciclándose en la novela juvenil

Aunque viendo cómo está el panorama, dado que hemos mencionado la crisis, e imaginando lo que se avecina, no costaría adivinar que se está formando el perfecto caldo de cultivo para una nueva generación de escritores... De momento, sugerimos que se sirvan un whisky de malta y se acomoden en el mejor sofá, a la espera de las mejores novelas negras. No hay mal que por bien no venga ∎

BIBLIOGRAFÍA CONSULTADA

Diccionario de la novela negra norteamericana (Anagrama, 1999), Javier Coma

La novela policiaca en España (Ronsel Editorial, 1993), Salvador Vázquez de Parga

La novela policiaca española: teoría e historia crítica (Anthropos, 1994), José F. Colmeiro

(Endnotes)

1 *Black Mask* fue una revista de relatos criminales fundada en Estados Unidos en 1920 y desaparecida a principios de la década de los cincuenta. Entre 1926 y 1936, bajo la dirección de Joseph Thompson Shaw, hizo aportaciones históricas al género literario que hoy conocemos como negro. El director de la revista impuso un tratamiento literario de los temas criminales y apostó por un enfoque crítico de la realidad social y política norteamericana, que imprimía un aire de denuncia frente a la corrupción institucional. Muchos de los grandes autores de la novela negra norteamericana, como Horace McCoy, Paul Cain o Raymond Chandler, debutaron en *Black Mask*. Otros, como Dashiell Hammett, alcanzaron el éxito definitivo gracias a sus páginas.

2 Tal apropiación por parte de la izquierda de la novela negra ha llevado a diversas exageraciones. En primer lugar, afirmar que el género negro como tal es de izquierdas, equivale a ignorar la postura de autores reaccionarios y parapoliciales como Peter Cheyney, Mickey Spillane o Andrew Vachss, o la de autores más aburguesados, alejados de discursos reivindicativos, como Georges Simenon o William Irish. Por otro lado, deberíamos desterrar definitivamente el mito falso de que los clásicos de la novela negra norteamericana estuvieron prohibidos por la censura franquista; aún hay muchos lectores que sostienen que las ediciones de tales novelas aparecidas a partir de 1977 en la editorial Bruguera, fueron las primeras en leerse en castellano.

3 No resulta gratuito sacar a colación otros géneros como el terror o la ciencia ficción, pues ambos también experimentaron un apogeo en la edad de oro de las revistas *pulp*, es decir, que gozaron del mismo soporte, formato y difusión que el género negro. Únicamente mencionaremos la revista *Weird Tales*, fundada en 1923, en cuyas páginas se dieron cita autores prestigiosos de la literatura fantástica del siglo XX, como Robert E. Howard, Seabury Quinn, Frank Belknap Long, Clark Ashton Smith o el mismísimo H. P. Lovecraft.

4 Siguiendo con la novela negra norteamericana como ejemplo, comentaremos que precisamente durante que el macarthismo, que se produjo entre 1950 y 1956, fue remitiendo la corriente más crítica de esta literatura, y aparecería la novela de procedimiento policial, con Ed McBain como máximo representante. El *police procedural*, por emplear la denominación norteamericana, quitaba el protagonismo a los delincuentes para dárselo por entero a las fuerzas del orden, con la intención de ennoblecer su labor en la lucha contra el crimen.

5 Precisamente ese mismo año, Carmen Laforet resultó ganadora del premio con *Nada*.

6 La entrevista, que realizamos Paco Camarasa y yo, fue publicada en el número 4 de la primera etapa de la revista *Prótesis. Publicación consagrada al crimen* (Mayo, 2006).

7 Recomendamos una lectura para acercarse al mundo y a las vidas de los escritores populares, *La novela popular en España* (Ediciones Robel, 2001), obra de intenciones exhaustivas dividida en dos tomos que estudia trayectorias como las de José Mallorquí, Corín Tellado o Silver Kane.

8 Tal declaración proviene del prólogo que escribió el autor de *Tatuaje* para la antología de relatos *Negro como la noche* (Ediciones Júcar, 1991).

9 Con todo, ni siquiera en tiempos de democracia ha conseguido nuestra novela negra librarse del todo de su aire extranjerizante. Un buen ejemplo de ello lo tenemos en la proliferación dentro de nuestras ficciones de la figura del detective privado. Si bien el detective privado es una figura muy extendida en Estados Unidos, en nuestro país supone una figura incipiente y de funciones muy limitadas. En España, los detectives no pueden investigar delitos públicos tales como homicidios o asesinatos, y sólo pueden colaborar con la policía bajo orden judicial. Aportaremos un dato más para evidenciar la escasa trascendencia de esta figura en nuestro país: sólo hay unos 2000 detectives con licencia en toda España, y en Madrid, en activo, tenemos menos de 300. ¡Y sin embargo hemos leído sagas enteras de novelas con detectives que todo lo pueden!

10 Apuntaremos un dato para mitómanos : la editorial Sedmay fundó también el premio «Círculo del crimen», para nuestros escritores, y en 1980 el ganador fue Andreu Martín con su novela *Prótesis*, quedando finalista Juan Madrid con *Un beso de amigo*. El destino ha querido dar la razón a este premio, pues el primero se mantiene como el autor más prolífico de nuestro tiempo, que cuenta con una buena competencia por parte del segundo.

11 Se puede decir que en los años ochenta, la novela negra había alcanzado cartas de nobleza en nuestro país. Prueba de ello es que la propia editorial Planeta iniciase colecciones del género, incluyendo además autores españoles junto a los extranjeros, sin diferenciarlos.

12 Cabe sacar a colación nombres como Juan Ramón Biedma, Fernando Marías, José Carlos Somoza o Carlos Ruiz Zafón.

El Libro de la Vida

Por Roberto Malo

(El más y mejor cuentista de la banda)

Un hombre abre el libro de su vida por la primera página y lee su nacimiento. Como es curioso, el hombre pasa rápidamente todas las páginas, hasta llegar al final, y lee su muerte. Disgustado, el hombre cierra el libro de golpe y muere aplastado.

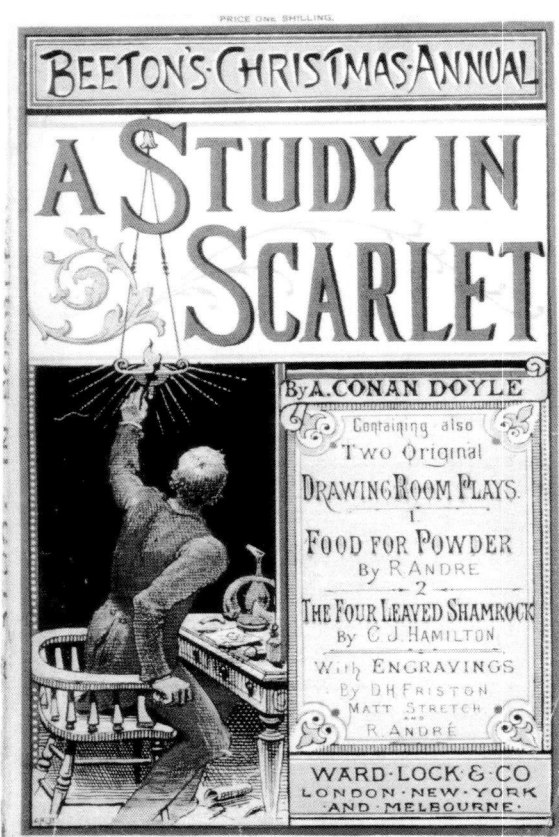

Retratos y Efigies: quién es quién en la actual novela negra española

Por Luis de Luis

¡ATENCIÓN, REDADA! ¡Manos en alto! Luis de Luis ejecuta veinticuatro retratos y efigies de sendos escritores policiales. No son pocos los que consideran la novela negra como una moda ya desfasada, perteneciente al pasado, pero en estas breves páginas se aportan todos los pelos y todas las señales para demostrar que en España se está viviendo un verdadero "boom" del género. Aquí están sus protagonistas con nombres y apellidos.

No se molesta **José Javier Abasolo** en escribir desde la complacencia, el acomodo o la aclimatación. Ni se inmuta, tampoco, por no rehuir los esquemas tradicionales de contar en negro. Abasolo, desde la mayor honradez y respeto al lector, se exige procurar y ofrecer clasicismo.

Su trayectoria literaria —desde su inicio en 1997 con *Lejos de aquel instante* a la muy reciente *La luz muerta*— está imbuida de toda la consistencia, seriedad y rigor necesarios para narrar, desde la solidez y ortodoxia y despojada de trampas o cartones, la(s) ardua(s) realidad(es) contemporánea(s) que ebullen en el País Vasco.

Editores y público pueden estar tranquilos. Los gratificantes, documentados y veraces libros de Abasolo están concebidos desde el máximo respeto al lector. Valor seguro y asegurado.

Juan Aparicio Belmonte cocina, para entendernos, farsas y comedias policiales. Es decir, que es alguien que va muy en serio.

Desde *Mala suerte* (2004) hasta la reciente *Mis seres queridos* han transcurrido cinco —técnicamente exigentes y rigurosas— ficciones en cuyas páginas los orates campan por sus respetos, perpetrando los desatinos encaminados a reventar las leyes del mercado (negro, claro) que han concebido mascando ajos crudos en el diván de un psiquiatra.

El autor desabrocha la correa de su jauría de personajes chiflados y les da rienda suelta para que levanten las faldas y bajen las bragas de las imposturas y vanidades de la sociedad que le (nos) rodea. Esa que está ahí mismo, siempre hipócrita, envarada y dispuesta a que Aparicio la deje, con sorna y desdén, con las pelotas al aire y tiritando.

En la literatura de **Raúl Argemí** —que brota allá donde se cruzan, equidistantes, los talentos de Walsh y Borges— se acumulan los vientos cosechados y las tempestades sembradas tras años de miradas acorraladas por barrotes y deslumbradas por La Pampa.

Belmonte, un tipo serio

Argemí, sonrisa lacia

Reyes Calderón proclama que no es de derechas (o sea, que lo es), que no escribe mirando a las ventas (o sea, que lo hace) y que ejerce la libertad religiosa (o sea, que es supernumeraria del Opus) y estas pijadas que tanto juego nos dan a cuatro rojos marisabidillos y revenidos para echarnos unas risas despectivas y condescendientes. Pero le sudan los huevos al público lector, que aprovecha para adquirir —en proporciones *stieglarrsonianas*— sus (muy eficaces) *bestsellers* policiales protagonizados por la juez Lola Mac Hor —entre otros , *Los crímenes del número primo, El expediente Canaima, El último paciente del doctor Wilson*— y deglutirlos, página tras página, con ansia, disfrute y fruición. La soberanía reside en el pueblo. Nada que objetar.

Con una prosa flemática, desleída con una sonrisa lacia e irónica, Argemí utiliza sus sólidas ficciones policiales —*Los muertos siempre pierden los zapatos, Patagonia chu chu, Siempre la misma música, La última caravana*— para cantar, con pulso sabio y descreído, la ausencia de límites de la exigente crueldad y el irremediable absurdo en que se enzarza a esa entelequia que se viene en llamar, pomposamente, la condición humana.

Juan Ramón Biedma se complace en agitar en sus ficciones —como un Emilio Carrere *reloaded*— las convicciones y las convenciones de quienes nos felicitamos de vivir en una modorra autocomplaciente y, encima, se jacta de mostrar la cara Z de lo que nos rodea.

En él habitan el espíritu desesperado y el aliento iluminado de Edgar Allan Poe, a quien invoca para imaginar Sevilla o Madrid como, pongamos, un Gotham City cualquiera, y plagarla con la belleza del feísmo, de lo grotesco y lo desagradable. Y lo hace en irreprochables novelas —el seminal *El manuscrito de Dios*, la excepcional *El imán y la brújula* o la desesperada *El humo en la botella*— escritos con la altivez que corresponde a quien no piensa ceder una brizna de su magnífica (in) dignidad.

Si se acude a la página de **José Luis Correa** no dejará de sorprenderse el visitante al ser recibido por un tipo sonriente, sentado al borde de la mañana con los pies colgando, exhibiendo el aspecto exultante y satisfecho de quien puede con todo. Y, ¡encima!, lo sabe.

Y no es para menos. José Luis sabe que la vida se cuenta, y se puede contar, desde el confín de un redondel, desde la grandeza de una isla, y consigue exprimir cada página de las cinco novelas protagonizadas por Ricardo

Biedma, un Emilio Carrere *reloaded*

Fallarás, desafiante y altiva

Blanco, detective veraz aquejado de certezas, reveses y melancolías, para que a nadie le quepa la menor duda.

No es dada a morderse la lengua **Cristina Fallarás**. No sería ella. Su literatura refleja su actitud brava y descarada, desafiante y altiva. Sabe de lo que habla, sabe lo que cuenta y cómo hacerlo. Rompiendo y rasgando, rasgando y rompiendo, no evita enfrentarse a tópicos, ni soltar la rienda.

Todo le sería más fácil si aceptase acomodarse, aunque, mucho me temo, que no le da (ni le va a dar) la gana, y que va a seguir entregando a la imprenta ficciones tan poderosas y conmovedoras como *Últimos días en el puesto del este* o *Las niñas perdidas*. Cristina es inevitable. Más le vale no dejar de serlo.

Fíate de la pinta de **Empar Fernández** y no corras. Bajo ese aspecto de, en el mejor sentido de la palabra, "mosquita muerta", late una novelista rigurosa que es capaz de despreciar dimes y diretes para ofrecer, sin rubor o vergüenza, algunas de las mejores ficciones policiales que pululan por las estanterías de las librerías.

Ajena a imposturas, Empar azuza a Escalona, su personaje protagonista, por cloacas,

secretos y sumideros de las Barcelonas de hoy y entonces. Poco le cabe al lector salvo rendirse y dejarse llevar, ante la sensibilidad, artesanía y elaboración de las magníficas novelas (lo siento, pero es que lo son) de tan, en el mejor sentido de la palabra (*once again*) extraordinaria narradora.

Probablemente la literatura sea la única disciplina donde a un cincuentón se le sigue considerando un *joven valor*, y tiene su lógica. Empezar a publicar tarde, como **Eugenio Fuentes**, no deja de ser, pese a lo que pudiera parecer, una ventaja enorme. De entrada se ha tenido tiempo, más que de sobra, para haber leído y digerido muchos miles de páginas, y, por ende, saber lo que se quiere (y lo que no) hacer y cómo.

Fuentes no se reprime en utilizar el género policial como molde para hacer novelas plagadas de recursos de "Literatura con mayúsculas", digresiones, alteraciones en los puntos de vista, juegos temporales, y así conseguir una obra tan personal como apasionante y satisfactoria para el público lector, quien no ha dudado en aceptarle como lo que, a pesar de todo, es: uno de los nuestros.

Fíjate en una de las agencias de detectives

Maluenda, nunca sabes por dónde va a salir

Alejandro M. Gallo con Hemingway

derivas posibles en este principio de siglo. Atentos a él. No hará libro innecesario o accesorio. Al tiempo.

Lleva años dando la cara en las esquinas, los recovecos, los desfiladeros y las cunetas de eso que se viene a llamar "panorama literario" **Alberto López Aroca**. Ajeno a corrillos, mentideros, facciones y banderías, López Aroca es bandolero de raza, de los que solo aceptan un final: imponer su ley.

Su mente de narrador, siempre en ebullición, no da (no se da) tregua, abarrotada como está en elaborar ficciones en las que conviven, con naturalidad pasmosa, espectros y conjurados como Mary Holmes y Sherlock Poppins, como ratas gigantes y nativos de Innsmouth, yankis y reyes arturos, Jim Thompson y Juan Perucho... y lo hacen porque López Aroca, con mañas de chamán y artes oscuras, les convoca y aceptan.

que habitan en las novelas de **Luis Gutiérrez Maluenda** y mira cómo se llama: Humphrey y Cunqueiro. Mira tú por donde, que ahí tienes la clave de su literatura.

Maluenda es un tipo que, cada vez que entrega un libro a la imprenta, nunca sabes por dónde va a salir, por dónde te la va a colar. Bien puede ser una novela "Humphrey" que respete tanto hasta la —bien entendida— reverencia la esencia y la pureza de Hammett o Chandler que casi podrían haberlas escrito ellos o, por el contrario, si te toca una novela "Cunqueiro" te enfrentarás a narraciones iconoclastas, irónicas y cínicas que demuelen convenciones, tópicos y lugares comunes.

Ambas vetas valen. Y mucho. Fíate.

Antonio Jiménez Barca se apaña para conducir con tino y con tiento, y, sin soltar el volante, descansa un ojo en el retrovisor, empeñado en no perder de vista de dónde viene y mantiene el otro fijo en el horizonte, alerta, despierto y avisando(se) hacia dónde va.

No pierde el control, ni se le ocurre. Ni para narrar, en *Deudas pendientes*, un policía "de barrio" con dosis sabias de nostalgia, remordimiento y distancia, ni para contar, en *La botella del naufrago,* con indignación, escepticismo y compasión, algunas de las muchas

Antonio Lozano disparó, hace ahora una década, *El Caso Sankara*, que nos (re)descubrió a un narrador de ley que llevaba danzando desde el 2002. Ajeno a localismos, a lastimeras miradas al ombligo, Lozano propone una literatura comprometida y consciente con causas, problemas y razones tan alejadas

Montero Glez, tipo duro

y lejanas que sólo su narrativa consigue hacerlas tan cercanas como próximas, bien con *Las cenizas de Bagdad*, *Donde mueren los ríos* o *Harraga*, solidísimas ficciones que transcurren en esa entelequia que los gilipollas y condescendientes europeos damos en llamar "Tercer Mundo". Lozano sabe del alcance de nuestra estupidez y no se recata en contarnos con la (muy) sólidas *Preludio para una muerte* y *La sombra del minotauro* hasta dónde puede llegar. Es mejor no perderle de vista. Hagan caso.

Alejandro M. Gallo ejerce una literatura, en el mejor sentido de la palabra, tozuda. Su narrativa tiene la sinceridad, la lucidez y la (engañosa) sencillez de quien tiene las cosas claras, no se llama a engaños y sabe de sobra la trinchera desde la que le toca disparar, las balas que le quedan en la recámara y las cartas que tiene en la mano.

Tanto da que sus policiales tengan lugar en las cuencas mineras astur-leonesas, en los cenáculos del Madrid de la Transición, en los bosques asturianos durante la represión franquista de los años cuarenta o, insólitamente, entre las paradojas y dislate del mundillo editorial hispánico; M. Gallo sabe de sobra lo que quiere contar, cómo y cuándo tiene que hacerlo. Las manos de cartas que sujeta son, todas, ases. Como no podía ser de otra manera.

Si te paras a pensar, **Montero Glez**, con su pose socarrona, su cigarro mediado, su sonrisa esbozada y sus palabras calculadas y cínicas es el perfecto tipo duro; es decir, que es un sentimental y un iluso. Y esos son, con diferencia, los más peligrosos. Avisados quedan.

Y es que las ficciones de Montero albergan la épica y desolación del mejor *western*, concebidas por un andaluz que narra la ventura de los hermosos y los malditos, aquellos que emplean una navaja para labrarse la línea de la vida. Con una mano escribe, con otra acuna el compás y con las botas de pistolero, taconea. Por eso le sale una prosa tan única como especial, tan lírica como canalla, tan

Ribas devorada por su personaje

sentida como descarnada, tan plástica cómo rastrera; e tan Montero como Glez.

Ya desde siempre se empeñó en dejar claro que no era un niño como los demás. **Pedro de Paz**, ya desde sus inicios, descolocó a propios y a extraños con *El hombre que mató a Durruti*, una ejemplar indagación holmesiana sobre uno de los clamorosos silencios del pasado. No conforme, con *El documento Saldaña* levantó el pellejo de las aceras de Madrid para desvelar una ruta tan escondida como atroz y fascinante y, creciéndose con el castigo, ofreció *La senda trazada*, el periplo hacia la nada de quien nada tiene que perder, porque todo lo ha perdido.

Queda dicho que no era, ni es, ni seguirá siendo, como los demás. Ni por asomo.

El día que explicaron aquello de que con los buenos sentimientos no se hace buena literatura y aquello otro de que la cotidianeidad no es material narrativo, **Rosa Ribas** faltó a clase. Afortunadamente.

Y de aquel venturoso día de pellas brota la serie protagonizada por Cornelia Weber-Tejedor, una policía alemana, hija de un matrimonio mixto entre alemán y española. El lector/a asiste a la narración equilibrada y sa-

Sálem horneando fórmulas de cóctel

bia de su día a día, de su transcurrir y sus de-
venires, hasta que, embaucado/a, acepta que
Cornelia es real. Existe. Es de carne y hueso.
Y que Rosa Ribas es la entelequia, la agente
literaria o la médium que la trae a la vida. No
cabe, creo, mayor honra para un autor que
ser devorado/a por su personaje.

Con esa pinta a medio camino entre un lu-
garteniente díscolo de Jack Sparrow y el primo carnal del flautista de Jethro Tull, **Carlos
Salem** deambula por las mejores calles de
Madrid horneando fórmulas de cóctel y argumentos inverosímiles que sólo está a su
alcance poner en práctica.

Si, como alguien que sabía mucho de casi
nada dijo: «La novela negra se puede definir
como lanzar un jarrón chino a un callejón»,
Salem arroja un jamón calibre 45 a un angos-
tillo de Malasaña para contar, con una especie de escepticismo bienhumorado —solo al
alcance de un mestizo argeñol— poderosas
ficciones tan disparatadas como veraces en las
que, como muestra valga un botón para que
se hagan una idea, hasta los reyes se vuelven
bufones. Y encima, dan las gracias por serlo.

De alguna manera **Lorenzo Silva** ya se ha
convertido, como quien no quiere la cosa,

en el gran patriarca del mundillo, o quizás el
capo, entiéndase en el mejor sentido de la
palabra. Su incansable capacidad para organizar, diseñar estrategias, elucubrar sensatas
conspiraciones...

Y es que no le vale con haber conseguido
que la seminal saga de Bevilacqua y Chamo-
rro sea un punto de referencia para el público lector que aguarda cada nueva entrega.
No parará hasta dignificar el género negro
español para todos los lectores. Y lo conse-
guirá. Al tiempo. Es capaz de eso y más. Lo
menos que se merece es un sombrerazo, y
de todo corazón.

En su narrativa policial a **David Torres** —ese
articulista bronco y propenso a pisar charcos,
llevar la contraria e inmiscuirse donde no le
llaman— le gusta volver la vista atrás, hacia el
barrio de su infancia y, sin perder un ápice ni
de cinismo ni de lucidez, recrearlo con una
prosa acribillada de nostalgia y esmaltada de
lirismo.

Será siguiendo las pisadas de Roberto
Esteban, un boxeador emocionalmente mal-
herido, que protagoniza *El gran silencio* (2003)
y *Niños de tiza* (2008), con las que Torres rein-
venta, con las certezas que sólo permite la
literatura, la verdadera historia de los niños

Tristante sorprende a propios y extraños

y adolescentes que recorren las calles de un barrio durante esos inciertos años, finales de los setenta y comienzos de los ochenta, que se dieron en llamar de la Transición.

Debió ser allá por los inicios de la década cuando **Jerónimo Tristante** sorprendió a todos con el reluciente *El misterio de la casa Aranda*, demostrando que era posible contar una buena historia decimonónica sin ranciedad y protagonizada por un Sherlock Holmes español (Víctor Ros) no impostado, incómodo o improcedente.

No contento con continuar las andanzas de su detective con dos novelas más (*El caso de la viuda negra* y *El enigma de la calle Calabria*), que le han ganado una más que devota feligresía entre los lectores, Tristante ha pasado la primera década del siglo XXI narrando con solidez un *thriller* tardofranquista y sobrenatural (*1968*); una intriga "templaria" ¡y creíble! (*El tesoro de los nazarenos*), y escarbando en las miserias que se entierran en el tristemente célebre Valle de los Caídos.

Afortunadamente **Willy Uribe** padece de azogue y descreimiento, además, como un Santo Tomás laico, no está muy dotado para creerse ni lo que ve, ni lo que le cuentan. Por eso publica el estremecedor y lacónico *Allí donde ETA asesinó*, para dejar claras las cosas y espeso el chocolate. A mayor abundamiento, y por si fuera poco, en *Cuadrante Las Planas* hurga a gusto allá donde se consagran los paraísos terrenales; o en *Revancha* hoza con ganas en la condescendencia de la corrección política, y en *Los que hemos amado*, en la falacia de la juventud. Uribe no acepta ni liebres por gatos, ni que por el monte corran las sardinas sin verlo antes, y después, contárnoslo.

Óscar Urra es madrileño de pura cepa y ejerce sin tasa y rubor; es decir, que como a todo nativo del Foro y a pesar de lo que pueda parecer, a los de fuera, se la bufa su ciudad pero le falta el aire si sale de sus barrios (Sol y aledaños), que, por esas casualidades de la vida, son los mismos que los de Julio Cabria,

Urra, madrileño de pura cepa

el detective amante de la literatura barroca, del juego desmedido, de los amores tortuosos y las amistades peligrosas. Sus andanzas se narran en *A timba abierta*, *Impar y Rojo* y *Bacarrá*; novelas de tramas exactas y prosa cincelada, acribilladas de balas, sangre, idas, venidas, timbas, sarna, sorna y música de soneto, con estrambote, claro. No es extrañar que sus lectores devengan en incondicionales.

Domingo Villar ofreció en 2006, con *Ojos de Agua*, la primera de las novelas que le han llevado a frecuentar las listas de los libros más vendidos, contando mediante las andanzas de su melancólico detective Leo Caldas las muchas Galicias posibles.

Con una prosa sobria y contenida, Villar, explica —y se intenta explicar— la inacabable y difusa aprensión que se llama *saudade*, que empapa, irremediable, su narrativa.

Sería con *La playa de los ahogados* (2009) cuando Villar se consagraría, encandilando a lectores de todo tipo, pelaje y condición, con la narración de un caso policial que servía para contar, en última instancia, la conflictiva y fascinante relación de Galicia con océano, que la castiga y bendice, tal vez sin causa, tal vez sin razón. ∎

No robes las flores de mi tumba

Por Roberto Malo

(El más y mejor cuentista de la banda)

Mis seres queridos me traen muchas flores, pero poco después seres anónimos roban mis flores y se las llevan a sus muertos. Por supuesto, sus muertos se dan cuenta de que las flores que les traen son robadas (llevan mi olor, mi aliento). ¿Sabrán los seres anónimos que sus muertos saben que les entregan flores robadas? Porque ¿qué se creen? ¿Qué somos tontos por estar muertos? No, no lo somos. Desde luego que no. Y tampoco nos gusta quedarnos de brazos cruzados ante hechos así. A mí, por lo menos, no me gusta. No me gusta nada. Se acerca el día de Todos los Santos... Como alguien me robe una flor, una sola flor, se va a enterar... Va a saber quién y cómo soy yo. Lo juro. Por mis vivos.

EL **MEJOR CÓMIC** DE GÉNERO NEGRO EN **DIÁBOLO EDICIONES**

JAZZ MAYNARD
RAULE & ROGER

1. HOME SWEET HOME
2. MELODÍA DEL RAVAL
3. CONTRA VIENTO Y MAREA
4. SIN ESPERANZA
   JAZZ MAYNARD INTEGRAL

KEN GAMES
ROBLEDO & TOLEDANO

1. PIERRE
2. FEUILLE
3. CISEAUX

Francisco García Pavón
Detectives en La Mancha

Por Lorenzo Rodríguez Garrido

A poco que profundicemos en los orígenes de la novela policiaca en España, toparemos de forma inevitable con el nombre de Francisco García Pavón. Ningún otro autor de tiempos de Franco nos ha legado una obra policial tan sólida, personal y consecuente. Este autor reinterpreta de forma singular las claves de la novela problema británica para insertarlas, con un estilo literario evocador, emparentado con lo cervantino, en las tierras de La Mancha.

Me arrellano en el sillón y empiezo a leer *Con el agua al cuello*, la última novela de Petros Márkaris. En ella, según reza la contraportada, el comisario Jaritos, protagonista de otras entregas que le han otorgado a su autor prestigio y fama, debe investigar el asesinato de un banquero degollado con un arma blanca. Como telón de fondo, una Grecia al borde de la quiebra. Leo las primeras páginas: la hija de Jaritos va a celebrar su boda y éste se encuentra muy nervioso porque no quiere llegar tarde a la ceremonia. Automáticamente los mecanismos de la memoria se activan y me llevan a *Otra vez domingo* de Francisco García Pavón, penúltima novela protagonizada por Plinio, quien también se dispone a casar a su única hija. Es curioso cómo en un instante paso de la Grecia actual a la España del tardofranquismo, cómo los libros establecen entre ellos secretos túneles que recorremos con enorme gozo y sorpresa.

Ahora mismo estoy viendo a Plinio, vestido de paisano y fumando un pitillo, acompañado de su amigo Don Lotario, muy nervioso ante la inminente boda de su hija, entretenido con los preparativos del banquete que se celebrará en el Casino de Tomelloso, lugar manchego donde nació Pavón y donde ubica toda la saga *pliniesca*.

Sus diálogos ágiles y frescos (técnica aprendida del teatro: Pavón fue crítico teatral

y llegó a dirigir la Escuela de Arte Dramático), su trama sencillísima, casi como un pretexto para poner en pie todo ese paisanaje de ambientes y tipos rurales, y la ironía cervantina son elementos que aparecen en *Otra vez domingo* y que se repiten de forma incesante en todas sus narraciones del género.

Francisco García Pavón (1919–1989) es pionero de la novela policiaca en España. Aunque admirador de la novela problema británica, ejemplificada en la obra de Conan Doyle, sus novelas se alejan del mero enigma criminal para centrar la mirada en el ambiente psicológico y social que lo rodea.

El lector aficionado a los clásicos de la novela de intriga, en cuya lectura persiga exclusivamente la solución de un enigma mediante la lógica deductiva, podría verse decepcionado ante la obra de nuestro escritor. Sin embargo, aquellos que aprecien obras policiacas más modernas, como las de Maigret de Simenon, en donde la trama depende más de apreciaciones psicológicas y de elementos ambientales, encontrarán muy estimulantes estas páginas, una suerte de costumbrismo de enorme profundidad salpicado de elementos policiacos.

En nuestra literatura, cuando algún autor crea una pareja de personajes, caemos en el tópico de compararlos con nuestro hidalgo más famoso y su fiel escudero. Nada más le-

Francisco García Pavón es pionero de la novela policiaca en España

jos en este caso. Podríamos decir que Pavón modela a Manuel González, alias Plinio, Jefe de la G.M.T. (Guardia Municipal de Tomelloso) y a Don Lotario, el veterinario del pueblo, a la manera de un Sherlock Holmes y un Doctor Watson manchegos; aunque dejando a un lado el afán científico que guía al popular detective en aras de un conocimiento completamente intuitivo: los famosos *pálpitos* que atenazan a Plinio.

En el prefacio a *Historias de Plinio* (1968), Pavón escribe sobre la génesis de su personaje:

Desgraciadamente en mi pueblo nunca hubo un policía de talla, es natural. Pero sí hubo un cierto jefe de la Guardia Municipal, cuyo físico, ademanes, manera de mirar, de palparse el sable y el revólver, desde chico me hicieron mucha gracia. El hombre, claro está, no pasó en su larga vida de servir a los alcaldes que le cupieron en suerte y apresar rateros, gitanos y placeras. Pero yo, observándole en el Casino o en la puerta del Ayuntamiento, daba en imaginármelo en aventuras de mayor empeño y lucimiento.

Una vez creado el personaje sólo falta sacarlo a pasear, y Plinio salió por primera vez de

la pluma de su creador en algunos cuentos y novelas cortas (*Los carros vacíos*, *El carnaval* y *El charco de sangre*) ambientados en la Dictadura de Primo de Rivera.

La obra de Pavón se cimenta fundamentalmente en tres pilares: lo autobiográfico (*Cuentos de mamá*, *Los liberales* y *Cuentos republicanos*), lo policiaco y lo fantástico (*Cerca de Oviedo*, novela que fue finalista del Nadal en 1945, galardón que obtuvo en 1970 con *Las hermanas coloradas*, quizá la más famosa novela de Plinio; y *La guerra de los dos mil años*, conjunto de cuentos del que sobresale "Las aceitunas").

Pavón retrata la España rural del siglo XX a la manera de un pintor impresionista (su narrativa abarca desde la dictadura de Primo hasta los inicios de la democracia con *El hospital de los dormidos*, en donde Plinio ya es abuelo) y refleja, del mismo modo que hace John Berger en su ensayo *Puerca Tierra*, la extinción del mundo agrícola. Lo hace con mirada escrutadora, no exenta de melancolía (la dicha de estar triste, como decía aquel), apreciando en los pequeños detalles la enorme plenitud que sólo el campo nos ofrece:

Se dispone a casar a su única hija

Su novela más cervantina

Aquel paisaje de llanura absoluta no lo comprende casi nadie. Hace falta mucho acomodo de los ojos. La gente ante el paisaje va al bulto: árboles, montes, valles y lomerales. Los viajeros de toda la vida se aburren al atravesar las llanuras manchegas, camino de Levante o de Andalucía. Van en tren o en coche, con los ojos inexpresivos, por aquellas tierras que consideran paso forzado hacia destinos más amenos. No conciben el paisaje sin anécdota, sin los esquemas convencionales. Ante el rincón verde con vacas bucólicas el viajero entorna los ojos. (…) Pero en la llanura manchega se adormece, no la ve. Allí el paisaje no sale hacia el cielo, no son relieves que hagan mimos líricos o medrosos. La llanura manchega parece hecha para soportar el cielo en sus bordes lejanísimos. No es naturaleza que sale, que salta. Es tierra que está, que aguanta.

El anterior fragmento está extraído del segundo capítulo de *Voces en ruidera*, su novela más cervantina, no solo por los parajes que transitan Plinio y Don Lotario, entre ellos las cuevas de Montesinos, sino por las numerosas referencias al Quijote y a Cervantes.

Con un estilo cuidadísimo, de una enorme belleza lírica, trufado de palabras sonoras ya casi extinguidas —en los últimos años, la televisión se ha encargado de vulgarizar el lenguaje— y reflexiones sobre el paso del tiempo, nimbado por una grácil ironía y algunos diálogos rijosos y socarrones (las mujeres siempre están presentes en las conversaciones y en la vida de Plinio), la obra de Pavón constituye una de las obras más interesantes y peculiares de nuestra literatura contemporánea, y es una suerte para los lectores que la editorial Rey Lear la esté rescatando. ■

BIBLIOGRAFÍA SELECCIONADA:

El reinado de Witiza (Destino, 1967)

Las hermanas coloradas (Destino, 1969)

Una semana de lluvia (Destino, 1970. Próximamente en Rey Lear)

Voces en Ruidera (Destino, 1973. Reeditada por Rey Lear en 2008)

Plinio. Todos los cuentos. (Rey Lear, 2010)

Asociación Cultural Sábados Negros
http://www.sabadosnegros.org

Todos los meses
encuentros con la cultura:
cine
novela negra
música
arte
historieta
fotografía

Librería Traficantes de Sueños
Embajadores, 35 – Local 6 – Lavapiés – 28012 Madrid
Teléfono: 915 320 928
http://www.traficantes.net

Editando a Plinio

Por Jesús Egido

Jesús Egido, editor de Rey Lear, nos cuenta cómo empezó a publicar a Francisco García Pavón: *Leí y releí uno por uno los once libros de la serie y no logré entender el semiolvido de un personaje y un autor que reconciliaron el género policíaco con la literatura española de calidad, aportaron una voz propia y original a un panorama prácticamente estéril y, además, abrieron una puerta a la novela criminal de humor.*

No recuerdo haber visto de niño la serie de televisión que entre 1971 y 1972 Antonio Giménez Rico realizó sobre Plinio con guiones propios y de José Luis Garci. Y, sin embargo, siempre he asociado a este personaje y a su compañero don Lotario con los actores Antonio Casal y Alfonso del Real: el quijotesco Casal uniformado como guardia municipal y el sanchopancesco Del Real vestido con traje de chaqueta, chaleco incluido, y al volante de un Seat 600.

Aquel experimento televisivo acabó con el éxito de ventas que Francisco García Pavón había conseguido al transplantar la novela criminal a un pueblo de La Mancha, Tomelloso, conocido por sus viñedos y bodegas. El ambiente dramático de los episodios televisivos, que perdieron la ironía literaria, lo poco cinematográfico que resultaba el Tomelloso de la época o la ambición neorrealista de Giménez Rico y Garci lograron una deflación de ventas. Y así, la primera aventura postelevisiva de Plinio y don Lotario, *Voces en Ruidera* (1973), ya no batió los récords de reedición de sus predecesoras.

Tal vez por eso, cuando entre los quince y los dieciséis años me hice comprador habitual de libros, las aventuras del guardia municipal de Tomelloso y el veterinario don Lotario ya no presidían los escaparates de las librerías. Sí recuerdo alguna entrevista en televisión con García Pavón —por lo que supongo que seguía siendo famoso— donde se decantaba por el Maigret de Simenon frente al Poirot de Agatha Christie, pero él ya no ostentaba el papel de Pérez Reverte de su época en una España que estaba a punto de entrar en la década de los ochenta.

Las siluetas de Plinio y don Lotario dibujadas por Antonio Mingote para las cubiertas de la editorial Destino desplazaron en mi imaginación a la serie de televisión gracias a unas reediciones baratas de bolsillo. Nunca he olvidado esas ilustraciones sobre fondos de colores planos de las ediciones de Destinolibro. Aún conservo cuatro títulos: *El reinado de Witiza*, *Las hermanas coloradas*, *El rapto de las sabinas* y *Nuevas historias de Plinio*.

Empecé por *Witiza*, que me atrapó al hacerme notar que era posible un policiaco sin crimen y, además, con sentido del humor. No entendí entonces la complejidad simbólica de *Las hermanas coloradas*, todo un premio Nadal de la gran época de ese galardón, y se me olvidaron por completo los otros dos títulos, excepto el relato de los meloneros que aparecen asesinados en los arcenes. La imagen en mi cabeza de un carro de melones entre los que yace despatarrado un cadáver muerto de un navajazo se abonó durante tiempo a la programación de mis pesadillas.

Primera edición

Plinio visto por Mingote

Cuando leí por primera vez a Plinio el relevo en la literatura policíaca española lo habían tomado autores que imitaban los modelos del género negro norteamericano, con detectives que boxeaban por los bajos fondos de Madrid o guardaban en la cartera el carné del Partido Socialista Unificado de Cataluña junto al de agente de la CIA. Eran los tiempos de Pepe Carvalho, que cocinaba tan bien como su autor, Manuel Vázquez Montalbán. Éste parecía idear las novelas mientras aguardaba que le tocase turno en el mercado barcelonés de La Boquería.

Demasiado buen paladar frente a las espartanas gachas de Plinio. Carvalho era el Ferrán Adriá de la literatura policíaca, mientras en el Casino de Tomelloso ni siquiera habían aprendido a estrellar los huevos como en Casa Lucio. Incluso el vino manchego que sirve la Rocío en su buñolería se veía desplazado por las burbujas del cava de San Sadurní de Noya.

La transición lo cambió todo, hasta que fue apagándose en el olvido, como la memoria del presidente Adolfo Suárez que tanto em-

peño puso en sacarla adelante. Y sin embargo, las siluetas de Plinio y don Lotario que vivían en las viejas cubiertas de Destino seguían obsesionándome con los años con mucha más fuerza que las vichisoises que Biscuter preparaba a su jefe Carvalho. Prácticamente descatalogadas, busqué en librerías de viejo todas las novelas policíacas de García Pavón que me quedaban por leer. No fue difícil, porque las amplias tiradas con que salieron al mercado garantizaban abundantes existencias.

Leí y releí uno por uno los once libros de la serie y no logré entender el semiolvido de un personaje y un autor que reconciliaron el género policíaco con la literatura española de calidad, aportaron una voz propia y original a un panorama prácticamente estéril y, además, abrieron una puerta a la novela criminal de humor, tan escaso en el panorama español hasta que Eduardo Mendoza puso a un loco adicto a los refrescos de cola a investigar criptas embrujadas y laberintos de aceitunas.

Cuando hace cinco años me convertí en editor, entre los pocos objetivos que tenía claros estaba el interés por rescatar las aventuras de Plinio. Por aquello de empezar por el principio, y antes de contactar con los herederos de García Pavón, decidí recopilar en un volumen todas las novelas cortas y relatos del personaje. Se iba a llamar *Plinio/ Obra breve*.

Por esas misma fechas, Destino dio una nueva oportunidad al guardia municipal de Tomelloso y editó un ómnibus con las tres novelas más famosas de la saga —*El reinado de Witiza*, *Las hermanas coloradas* y *El rapto de las sabinas*— a las que decidió añadir una deliciosa novelita corta, *El último sábado*. Un error editorial imprevisto incluyó junto a esta *nouvelle* el resto de los cuentos que la acompañaron en su primera aparición en librerías, lo que se cargó mi pretensión de compilar toda la obra breve del personaje, propósito desmedido con la perspectiva del tiempo porque hubiera superado ampliamente las quinientas páginas.

Por fin, en marzo de 2007, la por entonces recién creada REY LEAR lanzaba al mercado *Plinio/ Primeras novelas*, volumen reeditado tan sólo dos meses después y que incluía las tres primeras novelas cortas de Plinio, ambientadas en la dictadura de Primo de Rivera —*Los carros vacíos*, *El Carnaval* y *El charco de sangre*—. Sí, se abría con la aventura de los meloneros asesinados de un certero navajazo.

Un año después, en abril de 2008, publiqué *Voces en Ruidera*, un título que no se reeditaba desde 1973, con prólogo de Sonia García Soubriet, escritora e hija de Francisco García Pavón. En octubre de ese mismo año salió *Otra vez domingo*, editada originariamente en 1978, y prologada ahora por Alicia Giménez Bartlett. En 2010 me quité la espina de recopilar todos los relatos breves de Plinio —*Plinio / Todos los cuentos*—, con una introducción de Jorge M. Reverte. Y finalmente, en mayo de 2010, le tocó el turno a la última aventura que dio a la imprenta Francisco García Pavón en 1981, *El hospital de los dormidos*, con prólogo del director de esta misma revista **Prótesis**, David G. Panadero. En estos momentos está en producción *Una semana de lluvia*.

Desde el primer momento intentamos recrear aquel diseño de siluetas de Plinio y don Lotario ideó de las cubiertas originales de Mingote. El encargado de conseguirlo en los dos primeros títulos de REY LEAR fue José Luis Cabañas, gran conocedor del personaje. Le sucedió en el empeño Ángel de la Calle y las dos últimas entregas han sido firmadas por Enrique Flores. Todos estamos encantados de ofrecer un clásico a los lectores jóvenes que no tuvieron oportunidad de conocer en su momento a Plinio, protagonista de la primera serie detectivesca de la literatura española. ■

soy

Plinio

el Jefe de la Policía Municipal de Tomelloso

Lea el relato de mis aventuras en las novelas de un paisano Francisco García Pavón:

"El reinado de Witiza", "El rapto de las sabinas", "Las hermanas Coloradas" y "Una semana de lluvia" que ha publicado Ediciones Destino.

Marcapáginas clásico de Plinio, el más célebre investigador de La Mancha

Mi padre escribía siempre por las noches

Por Sonia García Soubriet

La escritora Sonia García Soubriet (Tomelloso, Ciudad Real, 1957), autora de novelas como *La otra Sonia* o *El Jardín (Al Bustán)* siempre ha manifestado un gran interés por mantener viva la memoria de su padre, Francisco García Pavón. Como no podía ser de otra manera, la hemos invitado a colaborar en este monográfico sobre los inicios de la novela negra española, y nos ha demostrado su generosidad al escribir este breve texto y al cedernos las imágenes que lo acompañan, algunas de ellas promocionales y otras de carácter familiar.

Mi padre escribía siempre por las noches, hasta las tres o las cuatro de la madrugada. Vivíamos en nuestro piso de la calle Augusto Figueroa, un piso enorme y viejo con el portal siempre mal iluminado y la escalera con desconchones que, en su día, fue también el de *Las hermanas coloradas*. Mi padre lo eligió porque estaba muy cerca del Café Gijón, donde tenía su tertulia. Su despacho, que olía a cuero, a tabaco y a papel, eran dos habitaciones grandes y luminosas con toda su biblioteca: muchos libros de teatro, mucha literatura española: toda la colección de Los Clásicos Castellanos editados por Espasa Calpe, novelistas, cuentistas de su generación pero también otros autores traducidos y publicados por editoriales sudamericanas: Joyce, Faulkner, Camus, Durrell, Miller... había además cuadros y dibujos de sus amigos pintores, retratos de familiares, fotografías de escritores hechas por Alfonso y otros muchos recuerdos que formaban parte de aquella vida suya. En su mesa, junto a la lámpara, tenía su máquina de escribir, un tintero, folios El Galgo, su pluma estilográfica de tinta verde con la que corregía los ejercicios de sus alumnos de la Escuela de Arte Dramático, donde daba clases de litera-tura, diccionarios y abrecartas. En verano, el balcón quedaba entreabierto con la persiana bajada y subían las voces de los nocturnos, de la gente de teatro y los que iban a los tablaos de la calle Libertad en ese Madrid de los años sesenta. Cuando éramos pequeños, desde nuestra alcoba, cercana a su despacho, podíamos ver la rendija de luz de la Entrada que se colaba en la habitación y, hasta que el sueño nos vencía, podíamos oír el tecleo de su máquina de escribir interrumpido a veces por los paseos

> Y, hasta que el sueño nos vencía, podíamos oír el tecleo de su máquina de escribir interrumpido a veces por los paseos que daba pensativo...

que daba pensativo, con las manos en la espalda y que hacían crujir el parquet. Los domingos después de tomar café con su tertulia del Gijón, se encerraba en su despacho, y si estábamos en casa, sabíamos que podíamos correr hasta el final del pasillo sin traspasar la línea de la Entrada para no molestarlo. Aquellos años de nuestra infancia, no solíamos ir mucho a aquella habitación que imponía con sus cuadros y fotografías de escritores muy serios y llena de libros que no eran para nosotros; era un territorio diferente y ajeno al mundo de mi madre. Ella si que iba para hablar por teléfono con sus amigas y se sentaba en el sillón de mi padre frente a su mesa. Durante las vacaciones mi padre escribía también por las mañanas

Antonio Casal y Alfonso del Real en Tomelloso durante el rodaje de la serie televisiva de Plinio, en 1971

Firma en la madrileña librería Espasa de *Las hermanas coloradas*, en 1970

Trabajando en su despacho de su casa de Augusto Figueroa, en 1961

Tecleando alguno de sus clásicos

En Benicásim con su mujer, Maribel, y sus hijas, Pupi y Sonia, en 1962

en Benicásim, cuando nos íbamos a la playa. Luego, casi a la hora de comer se reunía con nosotros, y si estábamos en Tomelloso, se iba al Casino a tomar el aperitivo y a leer el periódico. Al caer la noche, estuviese donde estuviese, siempre daba sus paseos solitarios en los que seguramente pensaría en la novela que tenía entre manos. A veces lo veíamos pasar, distraído, en su mundo, tanto que ni nos veía, o si nos veía con los amigos nos saludaba a lo lejos y seguía su camino. Cuando crecimos y fuimos jóvenes, al regresar por la noche, veíamos desde la calle, la luz del balcón de su despacho encendida y uno se decía: papá está escribiendo. Luego durante el día o por las tardes entrábamos en aquella habitación a hablar por teléfono, como hacía mi madre, sentándonos en su sillón y mirando distraídos su mesa donde a veces había folios escritos a máquina llenos de tachaduras verdes, o también a coger algún libro, siempre todos estuvieron a nuestra disposición, o a consultar cualquier cosa de la facultad y a escuchar a Paco Ibáñez, los Beatles o a Moustaki en el tocadiscos donde a él le gustaba oír de vez en cuando música clásica. Mi padre no hablaba nunca de lo que escribía; sólo una vez nos leyó algo, uno de sus cuentos; tampoco solía hablar mucho de sus cosas. Una gran parte de su vida fue así, trabajo solitario, tenaz y voluntarioso.

Cuando fui adolescente, empecé a acompañarlo en los paseos que daba para estirar las piernas, por el tiempo que pasaba sentado trabajando. Hablábamos de libros y autores que nos gustaban e interesaban y también solía contarme anécdotas de su juventud y de aquellos parientes de sus fotografías del despacho que luego encontré en sus libros. Íbamos por el Paseo del Prado, o por la Cibeles; a veces por la calle Marqués de Cubas que le gustaba porque le recordaba sus primeros años en Madrid cuando llegó para estudiar Filosofía y Letras, a pesar de las dificultades económicas de su familia, porque quería ser escritor. Fue por aquellos años cuando fui consciente de lo que mi padre hacía y empecé a prestar atención, pero yo todavía no sabía qué era realmente escribir, en qué consistía... Caminábamos juntos, yo agarrada a su brazo, orgullosa de él, admirándolo... pero... cuántas preguntas sin respuesta...

Ahora sobre su mesa del despacho, que conservo, tengo todos sus libros, aquellos que fue escribiendo año tras año durante mi infancia y juventud, noches y noches, veranos e inviernos. En ellos está todo su mundo. También esa vida suya, secreta y apasionada que a mí tanto me intrigaba y la respuesta a mis preguntas: «Uno quiere hacer algo bueno, le gusta hacer lo que hace, como a un pianista. También un pianista empieza a tocar probando con tres notas, luego domina veinte y luego todas y se va perfeccionando mientras vive. Y ésa es su gran diversión, y para eso vive. Nada más», como decía Thomas Bernhard. ■

El cine negro español en 30 títulos

VV.AA.

Ya comentábamos antes que para encontrar novela negra en España hay que ser un poco detective. Del cine se puede decir lo mismo. Pero en la revista Prótesis nos hemos propuesto investigar en la historia del cine negro español. Como resultado, aquí están los comentarios de treinta películas con los que abarcamos varias épocas, desde los años cuarenta hasta la actualidad, de Edgar Neville a Daniel Monzón.

Más de uno piensa que cualquier actor español con una pistola en la mano resulta poco creíble, pero aquí aportamos todos los datos y todas las pruebas para demostrar que no siempre ha sido así, y que no tiene por qué ser así. ¡Pasen y lean!

El clavo

España, 1944. Director: Rafael Gil. Guión: Rafael Gil y Eduardo Marquina. Fotografía: Alfredo Fraile. Música: Juan Quintero. Intérpretes: Rafael Durán, Amparo Rivelles, Milagros Leal y Manuel Arbó

Atención, *spoiler*: ¡el asesino era la prometida del juez! Aun así, vean esta película, amigos, porque el final no lo es todo. Porque esta casualidad —tan casual que no convencería ni al mismísimo Auster— podría formar parte del hecho real en que se basó Pedro Antonio de Alarcón para construir el relato homónimo en que, a su vez, se basó esta película.

Véanla sobre todo por ese magnífico plano que nos aterrorizó de pequeños. Sí, el plano del cráneo con el clavo atravesado. Sí, ese famoso plano que... ¡no existe! Y no insistan, porque por mucho que revisen la película no lo encontrarán: era un plano inducido por el diálogo.

Reproduzco ese momento. El juez pasea por el cementerio acompañado por el alcalde del pueblo. Un par de albañiles portan los restos de un cadáver cuyo nicho está derruido. Se los van a dar al enterrador, cuando el juez repara en el cráneo y lo coge, manteniéndolo siempre fuera de cuadro.

```
JUEZ
Pero esta calavera... ¿no le parece demasiado
singular?

ALCALDE
Una calavera... ¡con un clavo dentro!

JUEZ
Fíjese bien. La cabeza asoma por la parte
superior del hueso coronal. Y la punta sale...
¿ve usted?, por lo que antes fue cielo de la
boca. Demasiado extraño, ¿no le parece?

ALCALDE
Demasiado extraño, señor juez.
```

Y luego el alcalde toma el cráneo y lo envuelve en su bufanda. *E voilá!* Jamás vemos ni calavera ni clavo. Pero... en nuestra cabeza se cocina la más tétrica de las imágenes. La más terrible. Y lentamente, según transcurre el resto de la película, la integramos como si de un plano real se tratara.

Me gustaría pensar que Rafael Gil inauguró el clan de inductores cinematográficos que, escamoteando planos, crearon imágenes aterradoras, como los ojos del bebé de Rosemary al final de *La semilla del diablo*, o la cabeza de la mujer del detective Mills de *Seven*, remitida por paquetería exprés, pero me temo que la omisión de este plano buscaba preservar el buen gusto sin herir la sensibilidad del espectador de la época (cosa extraña con una guerra tan reciente). Quizá mera censura: «¡Ya hemos visto muchos muertos, amigo Rafael! ¡Corte, corte! Nuestro pueblo se lo agradecerá». El caso es que me resulta imposible creer que el plano no hubiese sido rodado. La escena lo pide a gritos. ¡Prácticamente debería ser el cartel!

En fin… ya no me queda espacio para hablar de la película, así que les dejo con su magnífica sinopsis:

Después de tomar posesión de su cargo como juez en un pueblo, Javier Zarco descubre en el cementerio un cráneo con un clavo atravesado. Convencido de que se trata de un asesinato, abre una investigación que le lleva hasta el autor del crimen: una mujer de la que él estuvo enamorado hace tiempo y que desapareció misteriosamente.

El Clavo no es quizá el peliculón que uno recordaba de niño –deberíamos dejar de hacer revisiones–, pero abre caminos a este género que ya nunca nos abandonará.

Yo creo que deben verla. O incluso… revisarla.

Fernando Cámara

El crimen de la calle Bordadores

España, 1946. Director: Edgar Neville. Guión: Edgar Neville. Fotografía: Enrique Barreire. Música: José Muñoz Molleda. Intérpretes: Mary Delgado, Manuel Luna, Julia Lajos y Rafael Calvo

No sé si son razones ideológicas o simple ignorancia —quizá ambas cosas— lo que lleva a algunos a afirmar que la cultura española durante el franquismo era prácticamente inexistente, un vasto desierto asperjado por alguna que otra gota de talento. Cuando oigo esto siempre recuerdo aquella frase de Orson Welles en *El tercer hombre*: «En Italia, en treinta años de dominación de los Borgia hubo guerras, terror, sangre y muerte, pero surgieron Miguel Angel, Leonardo da Vinci y el Renacimiento. En Suiza hubo amor y fraternidad, quinientos años de democracia y paz y ¿qué tenemos? el reloj de cuco». En España, sin entrar en inútiles comparaciones y ateniéndonos sólo al celuloide de los años cuarenta y cincuenta, tenemos a Rafael Gil (*El clavo, La calle sin sol*), Nieves Conde (*Surcos, Los peces rojos*), Saénz de Heredia (*Los ojos dejan huellas, Historias de la radio*), Antonio Román (*Los últimos de Filipinas, Pacto de silencio*), Ladislao Vajda (*Marcelino, pan y vino, El cebo*), por supuesto Juan Antonio Bardem (*Muerte de un ciclista, Calle Mayor*) y Luis García Berlanga (*¡Bienvenido, Míster Marshall!, Calabuch*), y el que ahora nos ocupa: Neville.

Edgar Neville, conde de Berlanga del Duero, nació en Madrid en 1899. Aficionado al jockey, la caza y el submarinismo, escribió diez novelas, once comedias y dirigió veintiuna películas, entre las que destacan *La torre de los siete jorobados* (1944), película de culto basada en la novela homónima del mujeriego Carrere, *La vida en un hilo* (1945), *El último caballo* (1950) y *Mi calle* (1960).

En 1928 viajó a EEUU como miembro del cuerpo diplomático pero en cuanto pudo se marchó a Hollywood. Allí entabló amistad con algunas de las estrellas del momento —era muy amigo de Chaplin, en cuya casa se reunían con frecuencia—, convenció a Jardiel Poncela, López Rubio y Tono (Miguel Mihura no quiso moverse del Café Gijón) para que arribaran al desierto californiano, y allí escribieron y adaptaron guiones, supervisaron rodajes, dirigieron alguna película, actuaron, se aprendieron los mecanismos de la industria. Luego, de regreso a casa, cada uno continuaría a su manera la relación con el séptimo arte.

El crimen de la calle Bordadores (1946) nos traslada al Madrid de finales del XIX, como indican las referencias a Sagasta y a Isaac Peral. Una mujer de buena posición (Julia Lajos) aparece asesinada en su dormitorio, y los principales sospechosos del delito son la criada (Antonia Plana) y el novio (Manuel Luna), un golfante que sólo la quiere por su dinero. Ambientada cuidadosamente y realizada con buen pulso narrativo, a base de *flashbacks* y con el broche de un final feliz, este castizo sainete reúne en hora y media todas las características del cine de Neville. De raíz popular, alejado de oficialismos, muy adelantado para su época y entreverado de humor y diálogos codornizescos, su filmografía es un prodigio de sensibilidad e inteligencia, un alegre canto a las calles y a las gentes de Madrid, a esta ciudad que son todas y que, como dijo alguien, fue construida entre el Marqués de Salamanca y un albañil de Jaén.

Lorenzo Rodríguez Garrido

Apartado de correos 1001

España, 1950. Director: Julio Salvador. Guión: Julio Coll y Antonio Isasi-Isasmendi. Fotografía: Federico G. Larraya. Música: Ramón Ferrés. Intérpretes: Conrado San Martín, Elena Espejo, Tomás Blanco y Carlos Muñoz

Esta maravillosa lección de generosidad argumental me la descubrió mi padre hace más de treinta años, sin especificar nacionalidad, porque él es capaz de poner en la misma estantería *El Halcón Maltés*, *El comisario Maigret*, o esta joya de *Apartado 1001* sin sufrir estos absurdos complejos actuales. Y como un buen relato policiaco es, ante todo, TRAMA, procedemos a destripar su prodigioso mecanismo narrativo. ¡Abróchense los cinturones!

1. Un JOVEN es ASESINADO frente a la Jefatura de Policía en Barcelona. Los disparos provenían de un TAXI que se ha dado a la fuga. Agentes precintan, interrogan viandantes, toman fotos…
2. COMISARÍA. La única pista de los policías es la documentación del MUERTO: Rafael Quintana, sin antecedentes. Sospechan que le mataron porque iría a denunciar a alguien a la comisaría.
3. DECLARACIONES de TESTIGOS. Un avispado tomó la matrícula del taxi.
4. En la COOPERATIVA del TAXI les confirman que el taxi que buscan no regresó de su servicio. El comisario cursa un telefonema circular para que busquen el taxi.
5. Interrogan al abatido PADRE de RAFAEL. Les da llave de su casa para que registren.

6. La casa está revuelta. Alguien se les adelantó. Se fijan en el calendario: "contestar anuncio Vanguardia". En un ejemplar del periódico, ven que el anuncio está recortado.

7. LA VANGUARDIA. Leen el anuncio desaparecido: «Compañía de productos químicos solicita inspectores de gran solvencia que puedan depositar fianza para poder ejercer el cobro y liquidar a las sucursales. Escribir al APARTADO DE CORREOS 1001». Los policías sospechan que se trata de un timo. ¿Quién puso el anuncio? Les dan dirección.

8. Calle Castillejos. Pero resulta ser UN SOLAR vallado. Sorpresa, el TAXI del crimen está dentro, con el conductor maniatado. Le liberan. Dice que podría identificar al pasajero asesino, pero no tienen pistas sobre su identidad.

9. Deciden ir a CORREOS y esperar frente a los casilleros de los apartados. Después de unas horas, aparece una CHICA que recoge un sobre del apartado 1001.

10. Los polis siguen a la chica por toda la ciudad. Al llegar frente a un BUZÓN concreto, mete el sobre del apartado dentro de otro sobre y se dispone a echarlo al buzón, pero los polis la detienen.

11. CASA de la CHICA. Ella es tenista pero se saca un dinero remitiendo la correspondencia del apartado 1001 a un tal JULIÁN AZORES por correo.

12. Policías echan la carta al BUZÓN y siguen el rastro. Un cartero recoge la saca del buzón y la lleva a la central.

13. CORREOS. Allí clasifican las cartas. Un FUNCIONARIO se guarda la carta a nombre de Julián en el bolsillo. En el departamento de personal, dan a los policías el nombre y dirección del funcionario.

14. Los policías se adelantan y corren a poner un micrófono oculto en el APARTAMENTO del funcionario. Escuchan una CONVERSACIÓN telefónica en la que el tal Julián emplaza al funcionario en un banco al día siguiente.

15. BANCO. Hay un dispositivo policial de incógnito dispuesto a intervenir. El funcionario finge rellenar unos papeles cuando se le acerca un hombre trajeado. La policía dispara la alarma y los detienen.

16. INTERROGATORIO. El hombre trajeado dice llamarse PASCUAL. Le hacen firmar para comprobar si su CALIGRAFÍA es la misma que la del tal Julián, pero no es así. Por si acaso, traen al TAXISTA para ver si identifica al funcionario o a Pascual, pero no reconoce a ninguno. Liberan a Pascual pero detienen al funcionario.

17. Amenazan al funcionario con la grabación de su apartamento y éste, por fin, DECLARA: Rafael, el chico asesinado, respondió al anuncio de la empresa química y desde entonces Julián le extorsionaba sacándole más dinero para darle el trabajo prometido. Pero Rafael se plantó y amenazó con denunciarles a la policía. JULIÁN le persiguió en el taxi y le DISPARÓ cuando iba a entrar a la comisaría.

18. El funcionario se niega a dar la dirección y los apellidos del tal Julián. Los agentes le quitan su AGENDA y comienzan a llamar a cada contacto. Finalmente reconocen la VOZ de Julián: la

misma de la conversación telefónica grabada. A pesar de que les cuelga, ellos obtienen la dirección gracias al número de teléfono.

19. Llegan allí. Un gran CHALET ANTIGUO. Descubren el TAXI aparcado dentro. La planta baja es un LABORATORIO clandestino. El TAXISTA está manipulando productos químicos. Hay FRASCOS de COCAÍNA, el negocio real de la trama. El taxista está dispuesto a declarar contra Julián, pero le DISPARAN desde otra habitación. Los policías persiguen al asesino, pero se les escapa. El taxista, moribundo, lanza su mirada hacia una FOTO de grupo que ha sido arrancada de la pared. Sólo quedan un par de trozos, pero se ve la firma de la casa de fotos. El taxista muere.

20. ESTUDIO FOTOGRÁFICO. El fotógrafo no les puede dar el CLICHÉ de esa foto porque se lo acaba de dar a otro hombre que traía la foto original. Está claro que Julián se les ha adelantado para evitar ser reconocido.

21. CASA de la CHICA TENISTA. Seguramente ahora Julián irá a asesinar a la chica, porque es la única que puede reconocerle. Los policías idean un plan. Ella irá a jugar el partido de frontón que tenía anunciado. Seguramente Julián acuda para matarla.

22. FRONTÓN. Las gradas llenas de gente asistiendo al PARTIDO. Los policías con mil ojos puestos en cada espectador. La TENISTA IDENTIFICA a JULIÁN entre el público. Los policías se disponen a detenerle cuando descubren sorprendidos que se trata de PASCUAL, el tipo que se acercó al funcionario de correos en el banco. Aquel al que el taxista no identificó porque en realidad le estaba protegiendo. Escapa.

23. Persecución en la FERIA. Julián se va escondiendo en las distintas ATRACCIONES. Finalmente consiguen rodearle y le disparan cuando intentaba una nueva huida.

24. El comisario saca CONCLUSIONES. Cuando hicieron la prueba GRAFOLÓGICA a Pascual/Julián, dio negativa porque firmó con la otra mano, mostrando una caligrafía diferente a la suya.

25. Uno de los policías espera a que la tenista termine el partido de frontón. Parece que hay atracción entre ellos.

¡Todo esto en noventa minutos y después de escamotearles unas cuantas escenas!

Y aunque su horrenda música conspira magistralmente contra la película intentando convertirla en una mortadelada, y la calidad de algunos actores es superada por el propio Filemón, asistimos a una historia que siempre va por delante de nosotros. Un proceso detectivesco que se fundamenta en una lógica deductiva sorprendente. Una belleza de construcción que debió tener enardecidos a Julio Coll y a Isasi-Isasmendi durante su desarrollo.

Como guionista, toda mi envidia y admiración. Como espectador, todo mi amor. Desde niño, gracias, papá.

Fernando Cámara

Los peces rojos

España, 1955. Director: José Antonio Nieves Conde. Guión: Carlos Blanco. Fotografía: Francisco Sempere. Música: Miguel Asíns Arbó. Intérpretes: Arturo de Córdova, Emma Penella, Félix Dafauce y Pilar Soler

Sin lugar a dudas una de las mejores películas de serie negra de nuestra filmografía. La acción, desarrollada a caballo entre Gijón y Madrid, nos va envolviendo a través de muy peculiares y cuidados ejercicios de analepsis. A través de estas idas y venidas vamos percibiendo cada vez con mayor profundidad y complicidad el universo de los protagonistas. Se entrecruzan: el melodrama, el casticismo, una crítica inteligente del neorrealismo y una, en apariencia, siniestra trama.

Una pareja llega con su hijo a Gijón en una noche lluviosa, poco después éste desaparece presuntamente arrebatado por el mar al que deciden acercarse para disfrutar de la tormenta en familia. Pero nada es como parece y se hará manifiesto a través de las vicisitudes de los personajes y de la investigación policial correspondiente que la desaparición del joven desencadena. La fuerza de la imaginación es capaz de engendrar no sólo monstruos, sino vidas enteras, crímenes irreales y una manera cómoda de vivir de las rentas durante quince años. La fuerza de sus imágenes (la película se abre y se cierra con un mar tempestuoso que azota la costa en la noche, emblema de lo inconsciente y de la salvaje potencia de la imaginación) traza una deriva ominosa hacia lo tenebroso en diversas escenas: el peculiar cuadro del pasillo que insinúa un animal prehistórico, las escenas nocturnas del Madrid antiguo y de un Gijón desbordado por los elementos, la imaginación desbocada del escritor y sus peculiares soliloquios ventrílocuos con su presunto hijo... Detalles surrealistas, yo diría que buñuelescos, como la transformación en pavo realizada por un mago de la amiga de la protagonista mientras tiene una charla en el intervalo de un ensayo de la revista, añaden esa cotidianidad fantástica y ese humor tan necesarios para el desbordamiento imperceptible de lo secreto... que es la materia prima de la que están hechos tanto el buen cine como el universo. No en vano nuestra cabeza oculta una pecera repleta de peces de colores.

Emma Penella, en su papel de corista enamorada de dos hombres, el padre y el hijo, realiza una de las mejores interpretaciones de su carrera cinematográfica. Arturo de Córdova, galán mexicano con acento argentino muy valorado en su época, y los demás actores cumplen con pundonor y oficio su papel. Un film influido sin duda por Hitchcock con elementos celtibéricamente quijotescos pero adoptando de modo riguroso elementos fórmula característicos del cine negro. Nieves Conde fue un gran cineasta, en gran medida ninguneado por la posteridad por no encajar su obra con la hoja de ruta dogmática de nuestra mediocre progresía.

¿Qué es verdad? ¿Qué es sueño? ¿Donde empieza y donde termina lo que llamamos "realidad"? ¿Podemos habitar sin destruirnos en la oscura prisión que es la sociedad humana? No creo que esta película dé una contestación clara a estas preguntas pero sin duda sabe plantearlas y embrujarnos durante su aproximada hora y media de metraje. Contra lo que opinen legítimamente algunos, el final, que no era el planificado y que fue impuesto por la censura, ahora encaja mejor que el originariamente previsto.

El crimen requiere la noche y el mar pero, entre nosotros, el amor puede ser parte decisiva de esa respuesta.

Frank G. Rubio

El cebo

España-Suiza-Alemania, 1958. Director: Ladisdlao Vajda. Guión: Friedrich Dürrenmatt, Ladislao Vajda, Hans Jacoby, José Santugini y Miguel Pérez Ferrero. Fotografía: Enrique Guerner. Música: Bruno Ganfora. Intérpretes: Heinz Rühmann, María Rosa Salgado, Michel Simon y Gert Fröbe

Resulta todo un lugar común afirmar que una película se adelantó en el momento de su estreno a ciertas corrientes o tendencias que aún estaban por venir. Visionario es el palabro que define este fenómeno y que ha acabado por perder cualquier legitimidad a fuerza de usarlo en exceso. *El cebo* (1958), co-producción hispano-suiza-alemana dirigida por el nunca suficientemente valorado Ladislao Vajda es, sin embargo, de los pocos títulos de nuestra cinematografía que pueden presumir con justicia de una hazaña así. Mucho antes de que Guillermo del Toro hiciera de la mirada infantil y del mundo fanta-terrorífico una formula casi patentada, ya el film de Vajda aplicó la retórica de los cuentos de hadas a la estructura canónica del *thriller* policíaco; de la misma manera, dos años antes de que *Psicosis* y *El fotógrafo del pánico*

prefiguraran las señas de identidad del horror moderno, *El cebo* supo hacer del arquetipo del asesino en serie, y sobre todo del uso de recursos cinematográficos puestos al servicio de su representación, el vector que diferenciaba esta película de otros títulos policíacos producidos en los años cuarenta y cincuenta no sólo en el cine español.

Respecto a lo primero, resulta reveladora la estructura narrativa planteada por Vajda y sus guionistas, de una claridad expositiva encomiable, y que se confiere en su mayor parte al punto de vista del comisario Matei. Más allá del dilema moral que comporta emplear a una niña como cebo con que atraer al monstruo, *El cebo* narra el proceso (más enfermizo de lo que su puesta en escena da a entender) por el cual un hombre de mediana edad, celoso de su trabajo hasta el punto de haberlo convertido en el eje de su plácida existencia, debe adoptar los modos y maneras de un niño (o lo que es lo mismo, debe pensar como tal) para atrapar a un depredador que se nutre de ellos. De ahí ese falso ambiente bucólico, ese falso maniqueo que maneja la película, y esa dicotomía entre ogro (asesino) y héroe (comisario) que vertebran la trama, dado que todo se narra (estética y conceptualmente) desde la lógica de los cuentos.

En cuanto a la figura del asesino, sin duda uno de los iconos de mayor fuerza legados por el cine negro español, la representación que de él hace Vajda tiene, quizás, más de la película de Powell que de la de Hitchcock. Haciendo acopio de una honestidad cada vez más en desuso en el terreno del *thriller*, el artesano Vajda elude cualquier posible trampa, como la de mantener la identidad del monstruo en secreto hasta el último tercio, como sí hizo Sean Penn en su versión de la misma historia *El juramento* (2001). Así, ya en la primera mitad del metraje rompe el punto de vista del comisario para ofrecer al espectador un retrato del asesino en su (enfermiza) cotidianidad, limpio, sin coartadas narrativas, y precisamente debido a esa transparencia más aterrador que cualquier artificio. Decisiones como esta conceden a *El cebo* el estatus de pieza maestra que durante años se le ha negado, una de esas pequeñas lecciones de cine que apelan al viejo placer de contar historias antes que a cualquier consideración autoral.

Rubén Sánchez Trigos

Crimen para recién casados

España, 1959. Director: Pedro L. Ramírez. Guión: Vicente Coello. Fotografía: Alejandro Ulloa. Música: José Pagán y Antonio Ramírez Ángel. Intérpretes: Fernando Fernán-Gómez, Concha Velasco, Roberto Rey y Raúl Cancio

Antonio y Elisa, recién casados, se van de luna de miel a la Costa Brava durante cinco días. Él es un redactor de sucesos de *El Caso* buscando su gran oportunidad, que se presenta cuando encuentran un cadáver carbonizado en un coche que ha caído a la playa. La víctima, un joyero de Barcelona con el que han compartido el tren y el hotel donde se alojan, estaba allí para la venta de una joya de enorme valor a un empresario americano. Antonio se lanza a la resolución del enigma que además de un posible ascenso le puede suponer quince días de vacaciones con su flamante esposa. Mientras tanto, Elisa, no muy convencida de las aptitudes de detective de su marido, decide resolverlo ella misma para poder disfrutar de su luna de miel.

Antonio es Fernando Fernán-Gómez y Elisa una joven Conchita Velasco de veinte años, poco después de rodar *Las chicas de la Cruz Roja*, y entre el excelente plantel de secundarios se puede encontrar a José María Caffarel, Manolo Gómez Bur y Agustín González. Es una producción dirigida por Pedro L. Ramírez, responsable de *Recluta con niño*, *El tigre de Chamberí* o *Los ladrones somos gente honrada*, todas ellas formando equipo con Vicente Escrivá y Vicente Coello (el guionista de la impagable *Atraco a las tres*), que en esta ocasión cuenta además con los diálogos de Alfonso Paso.

La película mezcla hábilmente la intriga detectivesca de "quién mató al joyero" con la comedia costumbrista de un matrimonio medio de la época. Refleja el comienzo de los años

sesenta en España, por lo menos la versión oficial que se quería dar: sol, buenas playas, buen humor, aparente igualdad entre hombres y mujeres y una situación económica solvente. Más allá de la declaración de Juan Antonio Bardem en las Conversaciones de Salamanca de 1955, que podríamos mantener hoy, en la que decía que el cine español era: «políticamente ineficaz, socialmente falso, intelectualmente ínfimo, estéticamente nulo e industrialmente raquítico», en los años cincuenta y sesenta en España se hicieron muchas películas estimables a manos de cineastas "artesanos". El género policial no se cultivó mucho, existe la creencia popular de que la mayoría de los actores españoles resultan poco verosímiles con un arma en la mano, por lo que reinó la comedia costumbrista.

En hora y media el ritmo no decae y seguimos la evolución de la investigación al mismo tiempo que los primeros momentos del matrimonio que, por una serie de imprevistos, no pueden disfrutar de su intimidad. Entretenida, alegre y vistosa, con una buena pareja protagonista y un magnífico reparto, hará las delicias de los aficionados a las intrigas detectivescas y de los seguidores de la comedia costumbrista española.

Juan Salvador López

Los atracadores

España, 1961. Director: Francisco Rovira Beleta. Guión: Manuel María Saló y Francisco Rovira Beleta. Fotografía: Aurelio G. Larraya. Música: Federico Martínez Tudó. Intérpretes: Manuel Gil, Pierre Brice, Julián Mateos y Agnes Spaak

Un verano en Barcelona tres jóvenes llevan a cabo varios golpes y no dejan ninguna pista, se les conoce como "La banda de los corteses", porque se despiden dando las gracias. Son muy distintos y les animan motivos diferentes. "El señorito", estudiante de derecho e hijo de un importante abogado, es el cerebro, busca nuevos retos; "el chico Ramón", obrero en una fábrica del Paralelo y aspirante a jugador de fútbol de éxito, encuentra dinero fácil; y al "Compare cachas", que vive en la calle y se dedica a trapichear, le gusta fantasear con las armas y los gangsters de las películas (hablan de Chicago años 30 de Nicholas Ray y se ve en un cine Atraco perfecto de Stanley Kubrick y Jim Thompson). Los tres consideran que «la vida es tan aburrida».

Proyectada en el Festival de Berlín en 1963, donde censuraron las secuencias finales, Francisco Rovira Beleta dirige y escribe el guión, contando con un buen reparto, el francés Pierre Brice para dar vida a "El señorito", Manuel Gil como "el chico Ramón" y Julián Mateos como "el Compare cachas", además de la también francesa Agnes Spaak como la hermana de Ramón. Justo después rodaría los dramas flamencos Los Tarantos y El amor brujo, ambas candidatas a los Oscar a la mejor película de habla no inglesa y, probablemente, sus dos filmes más famosos. Aunque el interés de Rovira Beleta por el género negro había comenzado con Hay un camino a la derecha y El expreso de Andalucía y seguiría en 1986 adaptando Crónica sentimental en rojo de Francisco González Ledesma, Los atracadores es una película excepcional.

Dividida en tres partes: "Inquietud, Violencia, Muerte", se basa en la novela homónima de Tomás Salvador, que recoge hechos reales de su experiencia como policía. La ciudad de Barcelona y los ambientes cotidianos de los tres protagonistas reflejan la tensión creciente, la violencia y los atracos están muy bien rodados en un estupendo blanco y negro, y en todo momento te mantienes atento a la pantalla. Uno de los pocos fallos es, quizás, cierto tono moralista que adopta el abogado, como esta advertencia: «Era sólo un muchacho. Otros muchachos, quizás nuestros propios hijos, se están convirtiendo en asesinos sin que lo sepamos evitar o sin que ni siquiera nos demos cuenta». Aunque ya sabemos que el crimen no compensa, también sabemos que "el dinero en cantidad se gana siempre de otro modo". En la parte final podemos escuchar esta reflexión: «Ensalzando al rebelde, al hombre armado, hemos conseguido que en la mente de esos muchachos cualquier agresión se convierta en un acto de rebeldía, de heroísmo». Para quien no la haya visto puede suponer un auténtico descubrimiento, cine negro excepcional como reflejo de una época y de unas situaciones sociales, y excepcional en cuanto a la acción y los atracos.

Juan Salvador López

No dispares contra mí

España, 1961. Director: José María Nunes. Guión: José Gallardo, José María Nunes y Germán Lorente. Fotografía: Aurelio G. Larraya. Música: José Solá. Intérpretes: Ángel Aranda, Lucille Saint-Simon, Jorge Rigaud y Antonio Molino Rojo

Suena una trompeta, una mujer fumando, un local lleno de alcohol, humo y jugadores de cartas. Llega un coche de policía, las cartas desaparecen, un tipo sale corriendo, roba un coche. Para en una cafetería para llamar a su amante, cuando va a repostar en una gasolinera se encuentra en el maletero con una sorpresa. La huida no ha hecho más que empezar.

«No sé realmente cómo huir, cómo escapar de esta sensación de vacío, de esta sensación de no hacer nada, de no ambicionar nada, de no saber adónde ir», dice el protagonista en determinado momento. David es un estudiante de derecho que dedica su tiempo al juego, a beber y a *otras compañías* que no son sus compañeros de facultad. Conoce a una mujer francesa, la esposa de un empresario, con la que huye, perseguidos por la policía, por un mercenario y por unos mafiosos que buscan una importante cantidad de dinero que supuestamente tiene David.

Dirigida por el portugués José María Nunes, uno de los representantes de la llamada Escuela de Barcelona, movimiento coetáneo a la nouvelle vague francesa o al free cinema inglés, cuenta en el reparto con Ángel Aranda, con la actriz francesa Lucile Saint Simon y con Jorge Rigaud en el papel del comisario de policía. El argumento se basa en tres de las novelas de Donald Curtis, también conocido como Juan Gallardo o como Curtis Garland, autor de bolsilibros o novelas de a duro, y el guión lo firma junto con el director y el productor Germán Lorente. Como cuenta el propio Nunes: «A mí no se me hubiese ocurrido nunca un título así. Pero lo acepté. Fue idea de Germán Lorente, socio de Enrique Esteban en aquella época. Habían estado en Cannes, 1959, y regresaron alucinados por la sorpresa de la Nouvelle Vague. Aunque yo no había visto nada de ese nuevo Cine, que además resultaba comercial, decían, estaban seguros de que yo podría hacer aquí algo por el estilo».

Tras un gran arranque, la huída del protagonista, las persecuciones, las escenas de acción se alternan con momentos de diálogos reflexivos de los dos protagonistas en ocasiones fuera de campo o hablando mientras miran a la cámara. También hay momentos casi oníricos: payasos tocando de forma rabiosa en diversos puntos de una sala de fiesta, el músico ciego del soportal o la decadente fiesta de disfraces. La música y los efectos de sonido están muy presentes, la excelente banda sonora jazzística de José Solá eleva y mantiene el interés de la película.

La sensación final es buena, la atmósfera existencialista está muy lograda, y algunos planos te impregnan y te dejan un buen sabor de boca, ayudados por una intensa música.

Juan Salvador López

Atraco a las tres

España, 1962. Director: José María Forqué. Guión: Pedro Masó, Vicente Coello y Rafael J. Salvia. Fotografía: Alejandro Ulloa. Música: Adolfo Waitzman. Intérpretes: Cassen, José Luis López Vázquez. Gracita Morales y Manuel Alexandre

El neorrealismo italiano ha mostrado a menudo a Hollywood como un espejo distorsionador de la realidad. En películas como *El ladrón de bicicletas* o *Bellísima*, el Hollywood de los años cuarenta aparece como una industria productora de modelos de vida lejanos e ideales que no tienen cabida en la realidad de la Italia de posguerra. Las películas italianas de la época contrastaban el modo de vida de las grandes estrellas y los personajes de la gran pantalla con la mísera realidad de un país destrozado por la guerra, cuestionando la validez de un cine tan alejado de la realidad. De esta manera, el cine italiano creó una realidad cinematográfica alternativa, alejada del *glamour* del cine negro y el melodrama. *Atraco a las tres* se sirve asimismo de este modo de interpretar el cine y a Hollywood mismo para realizar una comedia que pone en entredicho la "realidad" holywoodiense en clave de humor, participando tanto del cine negro como de la sátira y la picaresca.

José Luis López Vázquez, encargado de una sucursal de banco madrileña, decide dar un golpe en la misma, cansado de las penalidades que conlleva una vida sin ahorros ni futuro. El

resto de trabajadores del banco deciden pronto asociarse con él, pasando de unas exigencias y sueños más o menos realistas —el famoso billete de mil en la cartera de Manuel Aleixandre— a una quimera de lujos digna de una producción de Hollywood —pisos en la playa, coches de lujo—. Para atracar el banco, los protagonistas organizan un simulacro más digno de una película americana que de un atraco real. La simulación de tópicos y personajes del género negro en versión cañí —Gracita Morales como *femme fatale*, la planificación del robo comiendo churros, las pistolas de juguete, las medias de mala calidad para cubrirse— sustenta la sátira, que se genera precisamente del contraste de unas realidades tan diferentes como son la del mundo del celuloide de los años cuarenta y las producciones de cine negro y la España franquista de los sesenta. Los personajes mismos se involucran poco a poco a lo largo de la película con esta simulación cinematográfica que ellos mismos producen: la referencia al cine *noir* es constante. Gracita Morales se disfraza de atracadora: «¿Es que no vas al cine?», espeta a Manuel Aleixandre cuando éste le pregunta por su cambio de vestimenta; Aleixandre y Alfredo Landa deciden unirse a la banda después de ver una película, y el primero argumenta al segundo que para que te cojan hay que tener "cara de atracador". La inmersión de los personajes en su papel de atracadores de Hollywood llega a su culmen cuando éstos desarrollan un estrambótico miedo a ser atrapados por la policía cuando ni siquiera han cometido aún el delito.

Atraco a las tres supone una divertida revisión de los tópicos del cine negro y, en consecuencia, una historia del cine dentro del cine. En este caso, de la influencia del Hollywood de la época dorada en las mentes de unos humildes trabajadores de Madrid. El cine de género negro se revela incompatible con la sociedad española, lo que sirve de aliciente para una parodia de sus personajes típicos a través de los reyes de la comedia patria.

Virginia Romero

Hipnosis (1962)

Hipnosis

España-Italia-Alemania, 1962. Director: Eugenio Martín. Guión: Gabriel Moreno Burgos y Eugenio Martín. Fotografía: Francisco Sempere. Música: Roman Vlad. Intérpretes: Jean Sorel, Eleonora Rossi Drago, Götz George y Massimo Serato

Uno de los daños colaterales más evidentes de la política cultural del franquismo, en el ámbito cinematográfico, afectó al gremio de la crítica y, por extensión, al de la historiografía dominante, manifestándose en la elaboración de un canon fílmico español pergeñado bajo los efectos de exclusivas dosis de realismo —e ideología— a la hora de juzgar las propuestas de nuestros cineastas. La consecuencia más sangrante de esta postura fue que todo un conjunto de películas del llamado cine popular —en una gran parte basado en construcciones genéricas foráneas (western, terror, thriller, etc.)— perdieron su lugar en las historias del cine español. Hipnosis es, posiblemente, uno de los ejemplos más notables de esto que decimos, así como también un epítome perfecto de lo que supuso la relación de un buen puñado de cineastas españoles con la industria y, en mayor medida, con su propia obra.

Tras su paso por la universidad, la cinefilia y la literatura, Eugenio Martín —autor para todos los géneros, como acertadamente le califican Carlos Aguilar y Anita Haas en el encantador libro que le dedicaron— frecuenta las aulas del Instituto de Investigaciones y Experiencias Cinematográficas y, fascinado por el neorrealismo italiano, debuta en el largometraje con Despedida de soltero en 1957. El fracaso crítico y económico, y su pasión por la profesión, le llevan a aceptar cualquier cosa que le propongan con tal de poder volver a dirigir, por muy alejada que estuviera esta propuesta de sus ambiciones primeras.

Hipnosis es la tercera película que dirige, y la primera de un puñado de excepción en el cine de género, y reúne ya una serie de características que definen a la perfección un modelo de producción de películas que dan lugar a un cierto tipo de cine español durante los años sesenta y setenta: coproducciones (Alemania, Italia, Francia), cine de género (thriller, western, fantástico y terror), presupuestos casi siempre ínfimos, creación de un olimpo de estrellas foráneas de la serie B, uso de pseudónimos con sonoridad anglosajona y, sobre todo, fidelidad a los principios narrativos y estéticos de los patrones genéricos imitados (y admirados, habríamos de añadir).

Martín recurre a los imaginarios del terror y del policíaco, en una propuesta enunciativa que se encuentra en una veta, muy cultivada en el cine español, a caballo entre el "melodrama gótico" y lo que podríamos denominar "policíaco siniestro": El clavo (Rafael Gil, 1945), La sirena negra (Carlos Serrano de Osma, 1947), Angustia (J. A. Nieves Conde, 1947), El hombre que veía la muerte (Gonzalo Delgrás, 1949), Las horas inciertas (J. M. Elorrieta, 1951), El cebo (L. Vajda, 1958), La mentira tiene cabellos rojos (Antonio Isasi-Isasmendi, 1960), Los muertos no perdonan (Julio Coll, 1962), Ella y el miedo (León Klimovsky, 1962), Fuego (Julio Coll, 1963), Agonizando en el crimen (Eguiluz, 1965), El filo del miedo (J. J. Balcázar, 1967), y muchos jesusfrancos, por supuesto.

Todos ellos manifiestan una tensión entre los procedimientos narrativos del suspense y el imaginario siniestro del terror gótico, cristalizando en sus imágenes unas influencias notorias del expresionismo —la sombra de Fritz Lang es palpable en Hipnosis—, y del cine de Alfred Hitchcock (acaso el norte de toda una joven generación de cineastas de todas las nacionalidades, escribía Carlos Serrano de Osma en un temprano 1943).

Andrés Peláez Paz

A tiro limpio

España, 1963. Director: Francisco Pérez-Dolz. Guión: Miguel Cussó, Francisco Pérez-Dolz y José María Ricarte. Fotografía: Francisco Marín. Música: Federico Martínez Tudó. Intérpretes: José Suárez, Luis Peña, María Asquerino y Carlos Otero

Inspirado en las andanzas de dos famosos guerrilleros anarquistas, "Quico" Sabaté Llopart y Josep Lluis Facerías, Francisco Pérez-Dolz debuta en la dirección de largometrajes en 1963 con una obra maestra, epítome del cine negro barcelonés, *A tiro limpio*, después de haber sido considerado uno de los mejores ayudantes de dirección de la época, precisamente en películas que ya se proponen como lo más granado del cine policíaco de los cincuenta-sesenta: desde *Apartado de Correos 1001* (Julio Salvador, 1950) a *Los atracadores* (F. Rovira Beleta, 1961), pasando por *El cerco* (Miguel Iglesias, 1955) —película que también se plantea a la "sombra" del maqui Sabaté— o *Manos sucias* (De la Loma, 1957).

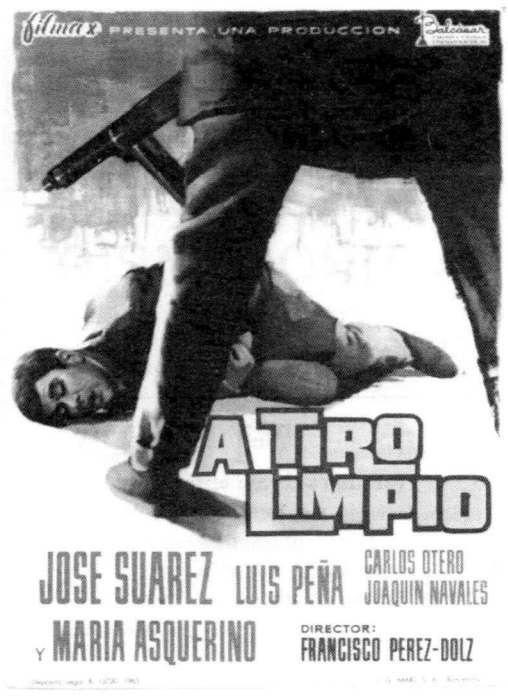

El comienzo del film, tanto en los títulos de crédito (dibujos de armas de fuego y disparos metaforizados en gráficas líneas rectas), como en ese plano-secuencia inicial (punto de vista de una cámara situada en el interior del coche de los atracadores protagonistas de nuestra historia dispuestos a ponerse en marcha delictiva), denota una voluntad estética que manifiesta una clara vocación de diferenciación con el cine policíaco realizado hasta ese momento en España. Por un lado, porque Pérez-Dolz aborda su película sin coartadas intelectuales o pretensiones autorales (como, por otra parte, sí harían directores que continuaron esta tradición del *thriller* catalán: Bigas Luna, Gonzalo Herralde, Vicente Aranda), respetando todas las convenciones genéricas; y, por otro, contribuyendo al surgimiento de un cine popular, de carácter documental, rodado en escenarios naturales y que describe toda una geografía urbana del delito y del crimen. Sobre todo si se compara con el cine mesetario, que apuesta por el ruralismo —véase la, por otra parte, excelente *Surcos* (José Antonio Nieves Conde, 1951)— y que se acoge a otros modelos cinematográficos mejor valorados por la crítica dominante del momento: frente al neorrealismo italiano de la película citada de Nieves Conde, se propone una lectura "moderna" del cine de Hollywood, en la línea contemporánea de la nouvelle vague, y de cierto policíaco francés representado por Jose Giovanni.

Relato nihilista, áspero y rabioso, más próximo a la crónica de sucesos propia de revistas como *El Caso*, que a los influyentes novelistas del género negro norteamericano, esta grandísima película —como otras que se nutrieron de la misma raíz argumental anarquista: la ya citada *El cerco* o *Metralleta Stein* (De la Loma, 1974)— se distancia, sin embargo, de toda esa carga política que se manifiesta inseparable de los verdaderos guerrilleros libertarios que sirven de modelo a los protagonistas, centrándose en la elaboración de un relato de género que trata de la lealtad entre figuras de la derrota y el descalabro vital. Empero, si uno sabe escuchar y mirar, descubrirá ciertos arañazos en el relato, pequeñas desgarraduras (diálogos, gestos, miradas,…), indicios y huellas de que esos personajes grises y tensos, son la sombra alargada de una herida profunda que se duele a tiro limpio.

Esta película es un capítulo crucial para esa inédita, verdadera y anómala historia del cine español que parece, a cada momento, más difícil de escribir.

Andrés Peláez Paz

Rififí en la ciudad (Chasse à la mafia)

España-Francia, 1963. Director: Jesús Franco. Guión: Gonzalo Sebastián de Erice, Juan Cobos y Jesús Franco. Fotografía: Godofredo Pacheco. Música: Daniel J. White. Intérpretes: Fernando Fernán-Gómez, Jean Servais, Robert Manuel y Marie Vincent

Después de que Orson Welles viese *La muerte silba un blues* (Jesús Franco, 1962), le propuso a su productor español Emiliano Piedra que ése Franco fuese el director de la segunda unidad de *Campanadas a medianoche* (Orson Welles, 1966). Pero Piedra se negaba obstinadamente a tamaña pretensión porque pensaba que Franco era un director infame, así que tuvo la ocurrencia de proyectarle a Welles la que, para él, era la peor película que había dirigido el director español: ni más ni menos que *Rififí en la ciudad*: la película en la que la influencia de Welles era más notoria de todas las que había dirigido hasta el momento.

En principio, *Rififí en la ciudad* se acoge al modelo genérico del *thriller* pero, tanto los aspectos asociados a su producción (magnífica novela del francés Charles Exbrayat como punto de partida argumental, coproducción hispano-francesa, actores de orígenes diversos…), como los elementos narrativos utilizados (tráfico de drogas, asesinato de un confidente policial, la política como foco de corrupción, un innombrado país centroamericano…) articulan un film de radical originalidad en la historia del cine español (no sólo el policíaco).

Asistimos, por lo tanto, al despliegue del repertorio cinéfilo más desmedido. Las referencias culturales y cinematográficas que sostienen este relato confieren a la película un espesor y un interés inimaginable en las producciones comerciales españolas de esos años: Dassin, Melville, Becker, el jazz y un mix genérico que incluye al cine musical (¡ay, esos franquianos números musicales de Nina, la amante del corrupto Leprince!), el *western* (ese Romero Marchent visto en el televisor!), o el melodrama (comienza el film con una voz en off femenina que dice: «vuelve a mi lado, no puedo estar sin ti»; y, poco después, un plano notablemente vacío, sin la presencia de Juan Solano, el confidente en torno al cual todos los personajes del film se manifiestan enamorados —Nina, que le amó; Pilar, su amante actual y vengadora; el matón Ribera, su asesino y homosexual latente...—).

Rififí en la ciudad puede ser leída, sin embargo —o, además— como una carta de amor y admiración incondicional al cine de Orson Welles. Y no sólo por las citas concretas que aparecen desperdigadas a lo largo del film sino, y sobre todo, por el uso de toda la retórica que lleva asociado su cine: las excesivas angulaciones de la cámara, los picados y contrapicados tan característicos del cineasta estadounidense, los turbios y expresionistas juegos de su iluminación, las sombras acuciantes e invasivas, los grandes angulares distorsionadores, la composición desbordante de sus encuadres, la angustiosa profundidad de campo...

Toda esta demostración erudita del conocimiento de los amados códigos expresivos de un cine(asta) admirado —y admirable— no se plantea en ningún momento, a lo largo de la película, como una transgresión, ni narrativa, ni iconográfica, respecto a sus modelos. Al contrario: la permanente referencia al clasicismo como el espacio de los relatos primordiales, o esenciales, de nuestra cultura de masas, adopta una dimensión inédita hasta ese momento en nuestra cinematografía: no se trata de hablar de mito, sino del rito. Ahí reside lo que hace de este film una rareza, su radical gesto de modernidad.

Andrés Peláez Paz

Crimen de doble filo

España, 1964. Director: José Luis Borau. Guión: Juan Miguel Lamet y Rodrigo Rivero. Fotografía: Luis Enrique Torán. Música: Luis de Pablo. Intérpretes: Carlos Estrada, Susana Campos, Antonio Casas y José María Prada

La trayectoria fílmica de José Luis Borau, figura capital para la cultura literaria y audiovisual española —director *avant la lettre* de spots publicitarios, novelista, crítico cinematográfico, ex director de la Academia de Cine, académico de la lengua, guionista y cineasta—, es una de las más atropelladas, extrañas e incatalogables de nuestra cinematografía; una carrera trufada de proyectos truncados, guiones inconclusos e ilusiones frustradas. A pesar de los innumerables baches, con su tenacidad de curtido guerrillero ha sacado adelante un puñado de películas, modestas joyitas que brillan por su rareza. Pese a pertenecer a la generación de los grandes artífices de la nouvelle vague francesa, Borau se ha distanciado marcadamente de los impulsos renovadores de los nuevos cines europeos, proclamando a viva voz su preferencia por el cine americano clásico y por la representación de las miserias cotidianas propuesta por la corriente neorrealista italiana.

Mucho antes de que nos llegaran sus obras más personales y notables —películas de reconocible sello autoral como *Furtivos* (1975), *La Sabina* (1976), *Niño nadie* (1996) o *Leo* (2000)—, Borau rodó *Crimen de doble filo* con un reparto encabezado por los célebres actores argentinos Carlos Estrada y Susana Campos. El resultado es uno de los artefactos fílmicos más extraños de una década cinematográfica comercialmente dominada por absurdas películas protagonizadas por superestrellas folclóricas o rancias y apologéticas producciones históricas de regusto fascistoide. De entre el vertedero, apenas podríamos salvar filmes de Basilio Martín Patino, Luis Buñuel, Fernando Fernán-Gómez, Luis García Berlanga, Miguel Picazo, Carlos Saura o José María Forqué, entre otros.

En este contexto, hallamos una pieza genuinamente policíaca en la que se entrecruzan el influjo del humanismo de Georges Simenon y los sufrientes falsos culpables del cine de Alfred Hitchcock. Sin ínfulas ni aspavientos, *Crimen de doble filo* se abre a diversas lecturas sociopolíticas. Pero el filme no sólo llama la atención por tratarse de una obra de género al margen de las habituales producciones de serie B, sino por su milimétrica puesta en escena, por un efectivo empleo del montaje y, finalmente, por el duro carácter de una historia en absoluto condescendiente con sus lamentables protagonistas. La narración se abre con un elegante *travelling* que, en apenas unos segundos, describe con transparencia y precisión el entorno en el que desarrolla su vida el desdichado protagonista. Y es que *Crimen de doble filo* se caracteriza por una concepción detallista de los espacios que no tropieza en ningún momento con vulgares e innecesarios subrayados; aquello que permanece oculto a nuestros ojos acerca de un determinado personaje puede ser revelado a través de una observación atenta de su espacio vital. El trazo de los caracteres resulta, asimismo, de una esmerada sutileza, apoyada en los matices interpretativos de unos actores visiblemente cómodos en sus papeles.

Sin olvidarnos de sus numerosas virtudes, debemos achacarle, no obstante, puntuales debilidades en el desarrollo de la trama y un par de momentos de arritmia debidos a la reiteración de situaciones. *Crimen de doble filo* es, pues, un imperfecto pero reivindicable ejercicio del primer Borau presentado desde un primer momento como un relato —cargado de divertida maliciosidad— acerca de la cobardía, la mezquindad y la estulticia; sin embargo, el cineasta observa condescendiente y comprensivo —como el maigretiano comisario— el drama de sus desorientadas criaturas, incapaces de elaborar un proyecto existencial duradero y consistente.

Ignacio Pablo Rico

El extraño viaje

España, 1964. Director: Fernando Fernán-Gómez. Guión: Manuel Ruiz Castillo y Pedro Beltrán. Fotografía: José F. Aguayo. Música: Cristóbal Halffter. Intérpretes: Carlos Larrañaga, Lina Canalejas, Tota Alba y Sara Lezana

Todavía está por llegar el estudio que a) resuelva si alguna vez hubo un verdadero gótico cinematográfico español y b) si fue así, delimite las señas de identidad del mismo. Hasta entonces, caben, al menos, unas pocas certezas: que el cine español ha desaprovechado, en general, el potencial que le ofrece la historia negra de su país a la hora de visualizar sus crímenes (en contraposición, por ejemplo, a cinematografías como la francesa o la italiana) y que dicha historia se encuentra inevitablemente cruzada por el imaginario que el maestro Francisco de Goya desplegara para sus *Pinturas negras* (1820-1823) y sus *Caprichos* (1797-1799): violencia sobre fondo negro, caótica, mal o directamente no planificada; violencia bárbara con sabor a

ajo, a tintorro, a fondo de tinaja; violencia carpetovetónica, en definitiva. Si el gótico supone, como afirma Roberto Cueto, la irrupción de un pasado que se creía muerto y enterrado en un presente al que amenaza con contaminar y emponzoñar, el pasado que acecha en el genuino gótico español, como una fuerza atávica que impide a los personajes vivir el presente moderno, debería beber de esta fuente primigenia.

No son muchos los títulos de nuestro cine negro —o en general de cualquier género con crimen de por medio— que han invocado, con plena autoconsciencia de ello, el espíritu del maestro aragonés —*El techo de cristal* (1971) *La semana del asesino* (1972), *Una vela para el diablo* (1973) o incluso *¿Qué he hecho yo para merecer esto?* (1984)—. De entre ellos sobresale *El extraño viaje* (1964), cuasi esperpento de Fernando Fernán-Gómez que a punto estuvo de dormir el sueño (eterno) de los justos por obra y gracia de la censura. Y no es de extrañar. En su película —que surge como idea de Berlanga, según el llamado "Crimen de Mazarrón", en Murcia— Fernán-Gómez identifica ese pasado gótico, que inmoviliza a los hermanos interpretados por Jesús Franco y Rafael Aparicio, pero también a la mayor parte del pueblo —esa muchacha que por fin consigue tomar el autobús e iniciar su propia huida hacia adelante—, con la España rancia y apolillada contemporánea a la producción del film. Esa España del velo negro y de las calles empedradas, aleccionada desde el poder y tan bien personificada en la construcción, visual y psicológica, del personaje de Ignacia.

Pero resultaría reduccionista e injusto, además de equívoco, afirmar que *El extraño viaje* es, sobre todo, un relato político. Si en algo destaca la película de Fernán-Gómez es en la habilidad con que su dirección y el afinado guión de Pedro Beltrán y Manuel Ruiz Castillo conjugan el ideario rural de la España profunda con la retórica del gótico más clásico, ejemplificado en ese caserón que se alza en el centro del pueblo, espacio que parece detenido en el tiempo y por el que deambulan los fantasmas familiares que nunca descansan. En esta singularidad, que bebe de una tradición ajena para llevarse la propuesta a un terreno propio, radica la esencia del genuino (y nunca del todo desarrollado) cine negro español, del que *El extraño viaje* es uno de sus escasos representantes.

Rubén Sánchez Trigos

La casa sin fronteras

España, 1971. Director: Pedro Olea. Guión: Pedro Olea y Juan Antonio Porto. Fotografía: Luis Cuadrado. Música: Carmelo Bernaola. Intérpretes: Tony Isbert, Geraldine Chaplin, Viveca Lindfors y José Orjas

PRESENTA UNA PRODUCCIÓN

¿CONOCE REALMENTE EL SIGNIFICADO DE LA PALABRA ANGUSTIA?

GERALDINE CHAPLIN
EN
LA CASA SIN FRONTERAS
CON
TONY ISBERT·VIVECA LINDFORS
FOTOGRAFIA: LUIS CUADRADO
UN FILM DE **PEDRO OLEA**

La casa sin fronteras es, junto con *El bosque del lobo*, la peculiar y escasa contribución que al cine de terror realizó Pedro Olea. Película sobre sociedades secretas, inspirada en el relato "Lluvia" del autor mejicano José Agustín, en la cual: tanto la fotografía, a cargo de Luis Cuadrado, como la música de Carmelo Bernaola, contribuyen a crear una atmósfera especialmente angustiosa.

Un joven que viene de una aldea a la ciudad a buscar fortuna es contactado por un curioso y en apariencia cordial anciano (José Orjas) que le pondrá en contacto con gente dispuesta a proponerle un muy peculiar trabajo. Tony Isbert encarna a nuestro sacrificado personaje, aunque el papel le habría venido de perillas a Anthony Perkins. La localización de una joven (Geraldine Chaplin), a la que la organización (La casa sin fronteras) considera en deuda con ella, constituirá el leitmotiv para un muy peculiar trayecto iniciático en el que no faltará el obligado descenso *ad inferos* de nuestro apocado y dubitativo protagonista.

Valentin Tornos, Eusebio Poncela, Patty Shepard, Luis Ciges, entre otros, tejen con su más que buen oficio la tela de araña en la que van viéndose inmersos los personajes. Destacar la interpretación de Viveca Lindfords, pérfida *strega* y único miembro femenino de la sociedad secreta, auténtico *deus ex machina* del destino de ambos protagonistas.

En la película se combinan los elementos costumbristas, haciendo hincapié en la oscura naturaleza de la ciudad (Bilbao), con escenas de gran crueldad (los suplicios terribles reservados por los sectarios contra los renegados) y una bella, bucólica y consecuente historia de amor. Se ha dicho que la organización propuesta, con eficacia cinematográfica extrema y ambivalencia sutil, podía muy bien referirse al Opus Dei. No creo que vayan por aquí los tiros. Determinados fragmentos, delicadamente propuestos por el director nos encaminan hacia derroteros menos evidentes. Los periódicos que lee José Orjas, el captador de la secta, tanto al principio como al final de la película son extranjeros (uno francés y uno norteamericano), las referencias a los oficios (reformadores de interior, escultores de lápidas) o el papel de la Viuda rica que encarna el callejón sin salida vital de nuestros héroes, hablan por si mismos a quien sabe escuchar la melodía.

Al margen de la trama principal, que muy bien podría referirse a una sociedad criminal más o menos oculta y más o menos bien conectada con los ambientes del Poder, hay un elemento perturbador de corte casi metafísico que acompaña al espectador desde el principio. Pequeñas casualidades, como el hecho de que el protagonista habite en la pensión el cuarto de un suicida al que se invoca en sesiones de espiritismo y que muy bien podría haber sufrido el mismo destino años ha, el ciego que declama en voz alta en el tren un texto que lee en braille o el personaje encarnado por Valentin Tornos que ofrece al protagonista, de modo involuntario, una imagen veraz de su terrible final días antes de ocurrir.

Una película extraña, celtibérica e inteligente que no ha envejecido y a la que uno descubre en cada visionado nuevos y mas secretos recovecos. Parte de nuestra cara oscura.

Frank G. Rubio

Hay que matar a B

España-Suiza, 1973. Director: José Luis Borau. Guión: José Luis Borau y Antonio Drove. Fotografía: Luis Cuadrado. Música: Pepe Nieto. Intérpretes: Darren McGavin, Stéphane Audran, Patricia Neal y Burgess Meredith

Thriller político injustamente olvidado, coproducido por España y Suiza, con elementos de *polar,* en cierta medida es una película maldita. Rodada en inglés, con un reparto internacional de primera línea (Darren McGavin, Burgess Meredith, Stephanie Audran, Patricia Neal...), se ha dicho de ella que es una especie de serie B norteamericana rodada con escasos medios. Esto está más en los ojos del espectador de la época que en la realidad. Con el Cine nunca nos bañamos en el mismo río cuando visionamos, en distintos momentos y circunstancias, los materiales.

Fue estrenada en 1975 dos años después de haber sido filmada y en verano, teniendo por ello poco éxito de público. Tanto Robert Shaw como Jason Robards estuvieron a punto de protagonizarla pero no pudo ser.

El film gira en torno a las trágicas vicisitudes de un emigrante húngaro en un país sudamericano, de incógnita identidad aunque yo diría que el director tenia en mente Argentina. Este personaje, nostálgico de su patria europea, trata de salir adelante con coraje individualista mediante un pequeño negocio basado en la propiedad de un camión. Una huelga general y las manipulaciones de la policía secreta le llevarán a ver morir a su joven socio y a conocer a una bella prostituta de lujo a través de la cual le tenderán una celada. Nuestro héroe, so pena de ser acusado de un asesinato, se ve obligado a participar en un maquiavélico magnicidio.

Dadas las coordenadas ideológicas del momento en que se realizó, su presunta ambigüedad y su ausencia deliberada de compromiso político explícito la convirtieron en indigerible para una critica y un público adoctrinado en las estupideces militantes del momento.

Plena de tensión narrativa, de vigor argumental y, como ha señalado algún crítico, con una trama bien urdida y un sólido guión, resulta una película inteligente y entretenida. Diego Galán

José Luis Borau, interesante y atípico director

señala: «No es *Hay que matar a B* una película lineal, sino el complejo resultado de una reflexión en la que Borau se plantea el contacto del hombre con su realidad».

Nos encontramos con una metáfora, lúcida y desencantada, del extrañamiento de la condición humana. Temática muy presente de modo velado en numerosos filmes clásicos y de género norteamericanos. El protagonista está agitado por pasiones generosas (su relación con la pequeña hermana de su socio, su romance sincero con la cortesana, su perseverancia y coraje frente a los obstáculos) pero el tejido mismo de lo real, representado por las vicisitudes políticas y la maraña de intrigas y de embrutecimiento que implican, acabarán por destruirle. Lo cual no debe entenderse como una derrota sino como un testimonio visible (atención a la última imagen) del horror y el prodigio que significa existir.

José Luis Borau no sólo es, en el marco de nuestra cinematografía, un muy interesante y atípico director sino un cualificado historiador cinematográfico. Ha sido también Presidente de la Academia, ocasional actor, publicista e impenitente y también impertinente (auto)productor.

Frank G. Rubio

Un verano para matar

España-Francia-Italia, 1973. Director: Antonio Isasi-Isasmendi. Guión: Luis José Comerón, Jorge Illa y Antonio Isasi-Isasmendi. Fotografía: Joan Gelpí. Música: De Mellis. Intérpretes: Karl Malden, Chris Mitchum, Olivia Hussey y Raf Vallone

En el mucho más tumultuoso de lo que se suele admitir panorama cinematográfico español de los años sesenta y setenta, Antonio Isasi-Isasmendi fue una isla. Como lo fue, a su manera, y salvando las lógicas y anárquicas distancias, el primer Jesús Franco. Isasi-Isasmendi, catalán de adopción, encarna en nuestra cinematografía el prototipo de hombre de industria hecho por la industria, en el mejor sentido de la palabra. El artesano que nunca pierde al público de vista y uno de los pocos cineastas alejados de la *exploitation* tipo Profilmes que realmente se preocupó por hacer un cine popular de género en España. También lo que él hizo coqueteó con la *exploitation* en películas como *La máscara de Scaramouche* (1963), *Estambul 65* (1965) o *Las Vegas, 500 millones* (1967), pero, a diferencia de la escuela de horror capitaneada por Pérez Giner y los suyos, o, antes, por ciertos (no todos) los *westerns* que se rodaron en la península, la referencia de Isasi-Isasmendi en su vertiente policíaca no es tanto el canónico modelo norteamericano del Hollywood clásico como a) la relectura que de este mismo modelo hace el cine *noir* europeo de los años sesenta y setenta —particularmente la escuelas italianas y francesas— y b) el nuevo, sucio y reaccionario cine policíaco estadounidense de las mismas décadas, con Walter Hill, Friedkin o Don Siegel a la cabeza.

Un verano para matar (1973) es, probablemente, sino la mejor al menos la más completa de las aportaciones que Antonio Isasi-Isasmendi realizó al género negro. Las andanzas de Ray Castor mientras, uno a uno, termina de liquidar a quienes acabaron con la vida de su padre siendo él un niño (un lugar común que la película, inteligentemente, resuelve en apenas una escueta secuencia) son el envenenado *macguffin* del que la película se sirve para entregar al espectador todo aquello que este espera de un producto cuyo cartel exhibe a un tipo con gafas de sol saltando sobre un deportivo a lomos de una moto embarcada: persecuciones a cuatro y dos ruedas dignas del mejor Bond, sexo, fiambres y mucho plomo. Es precisamente en su obsesión por epatar y deslumbrar a la platea que *Un verano para matar*, imbuida por el desvergonzado espíritu de los setenta, toma prestados cuantos recursos le hagan falta; por ejemplo, del cine

de *rape & revenge* ejemplificado por títulos como *A quemarropa* (1967). En esta calculada despreocupación encuentra la película de Isasi-Isasmendi la amoralidad que la eleva por encima de otros productos similares filmados en su misma época. Amoralidad que alcanza su cenit en la escena en la que Ray (no en vano, interpretado por Christopher Mitchum, hijo del caradura por excelencia Robert) seduce a la chica que él mismo ha secuestrado ¡para atraer a su padre antes de matarlo!

Pero *Un verano para matar* es, sobre todo, la constatación de que España pudo albergar una verdadera industria —y de hecho, durante un tiempo, ese fue el espejismo—; un sistema de producción sólido que mirara cara a cara a las series B foráneas, y que hiciera del disfrute del espectador su único santo y seña. Una vez más, no pudo ser (siempre la consciencia autoral tan nuestra), pero queda para el recuerdo la interpretación de un Karl Malden tan inmenso como sus papeles le permitían.

Rubén Sánchez Trigos

Pascual Duarte

España, 1975. Director: Ricardo Franco. Guión: Ricardo Franco, Emilio Martínez Lázaro y Elías Querejeta. Fotografía: Luis Cuadrado. Música: Luis de Pablo. Intérpretes: José Luis Gómez, Paca Ojea, Héctor Alterio y Eduardo Calvo

Partiendo del muy famoso texto de Camilo José Cela, a mediados de los setenta Elías Querejeta encargó al director Ricardo Franco la realización de esta relectura cinematográfica acerca de los avatares de un lamentable campesino extremeño, cuya existencia está condicionada por la miseria, el atraso y la opresión social, hasta el punto de que, sometido a este entorno, acaba entregándose al crimen sólo para terminar siendo juzgado y ajusticiado por un organigrama social que adscribe un nivel de miseria casi mayor que el mismo asesino.

El film recibió una buena acogida de crítica y público, siendo nominado en el Festival de Cannes de 1976, toda vez que sirvió a José Luis Gómez para hacerse con el premio al mejor actor. En general podemos decir que con cierto merecimiento, ya que la película, independientemente del nivel de fidelidad adaptativa hacia una novela sobrevalorada, como lo son la mayoría de Cela, cobra su propia identidad en aras de la realización y apoyada en la imagen visual. Mediante una realización estilística cargada de sobriedad, directa e incluso brutal, apuntalada por largos planos generales que nos proporcionan una imagen obsesiva e impregnada de la profunda épica de la desolación que arrastran los paisajes naturales en los que se encuadra la acción, el director se centra en el retrato del personaje principal y su sórdido descenso a los infiernos.

El destripaterrones Pascual es recreado por Ricardo Franco de manera bastante convincente, como un individuo paradigmático de los peores resabios en tanto a la alienación hispánica más profunda, algo que nos remite a la atroz España Negra que hubo de captar Darío de Regoyos. Se trata de un individuo ensimismado, retraído y solitario, siempre impregnado del hálito acechante que provocan los acercamientos al límite de la cordura. Así, los silencios cargados de tensión dan paso a los arrebatos de violencia homicida que estalla de forma helada, en una manera de matar casi infantil que provoca la sensación de estar contemplando una suerte de regresión abominable. Esto conduce, no obstante, a que el ritmo de la narración se resienta, volviéndose lento y en ocasiones muy cenagoso.

La novela original versa sobre el determinismo, el condicionamiento del hombre por el entorno, por la familia y la sociedad en la que vive, hasta niveles que rozan la caricatura. Se trata de una novela sucia, que versa sobre las taras mentales y la violencia gratuita que no duda en buscar la repulsa del lector, en ocasiones incluso de una manera demasiado obvia. La adaptación cinematográfica, en todo caso, prescinde de la visceralidad un tanto burda de la obra de Cela para ofrecernos una visión helada y silenciosa. Porque, en efecto, podemos decir que ésta es una película de silencios. El silencio, que se hace opresivo e impostado, transmite la esencia claustrofóbica de la demencia en una concreción fílmica muy solvente. Aunque sea sólo por eso, podemos decir que *Pascual Duarte* merece, por lo menos, un buen visionado.

J.F. Pastor Pàris

El Diputado

España, 1978. Director: Eloy de la Iglesia. Guión: Gonzalo Goikoetxea y Eloy de la Iglesia. Fotografía: Antonio Cuevas. Música: Manuel Gerena. Intérpretes: José Sacristán, María Luisa San José, José Luis Alonso y Queta Claver

Roberto Orbea, diputado por Madrid de un partido de izquierdas, va a ser elegido Secretario general del mismo; pero mientras se despliega, ascendente, su carrera política, un grupo de extrema derecha intenta chantajearle por su condición de homosexual. Esta semi-clandestina organización contrata a un chapero para conseguir fotos comprometedoras del político, unas fotos que pueden acabar con su carrera.

En *El Diputado* se conjugan, de manera ejemplar, los fantasmas de una época: homosexualidad, consumo de drogas generalizado, libertad política recién estrenada, relajación de las costumbres, violencia y peligro social... y la alargada sombra de la extrema derecha, urdiendo planes desestabilizadores y organizando peleas callejeras.

Para realizar esta película, Eloy de la Iglesia se inspiró en el caso de un conocido dirigente del PSP, lo que produjo tanto un cierto revuelo en el PCE como intentos por convencer al cineasta de que abandonara su proyecto.

Los protagonistas de la cinta son José Sacristán y María Luisa San José, pareja habitual del cine de la época, y en el papel del chapero tenemos a José Luis Alonso. Si bien la película empieza con pulso firme —la estancia en la cárcel de Carabanchel, donde el director de cine

Juan Antonio Bardem se interpreta a sí mismo; las manifestaciones callejeras; los contactos de Orbea (Sacristán) con jóvenes homosexuales—, no es menos cierto que acaba intentando abarcar, de manera algo forzada, los lugares comunes de la época.

Y, al querer poner varias guindas al pastel, de la Iglesia sacrifica parte de la credibilidad de la película en aras de un aire festivo e inconsciente de "suelta las bragas por todo lo alto". Nos referimos, sobre todo, al sorprendente (y, justo es decirlo, algo inverosímil) *ménage à trois* que realiza el trío protagonista; momento, por cierto, que ayudó —no poco— a promocionar la cinta en revistas como *Interviú* y *Lib*, y que contribuyó —no menos— a que recibiera la clasificación "S" (en la época, todo un emblema).

Con todo, sería falaz despachar la película como una provocación ingenua (o interesada) propia de aquellos tiempos de confusión, pues su argumento ofrece detalles bien delicados y urdidos: como el planteamiento de la lucha entre izquierdas y derechas en términos de opinión pública, de imagen de masas, de desprestigio... Sin duda, esto que, actualmente, es el pan nuestro de cada día, gracias a la oposición actual entre partidos —favorecida y alimentada por la prensa de cada trinchera— supuso un matiz inteligente en aquella época, demostrando que Eloy de la Iglesia era buen observador y estaba captando las nuevas reglas del juego democrático.

Aunque militante del PC, este cineasta siempre fue un espíritu libre y no se permitió comulgar definitivamente con dogmatismos, de ahí que le interesara, por encima de todo, el drama humano que exponía en cada película; con los años, cada vez más, situaba a las personas por encima de la ideología.

Huelga decir que *El Diputado* gana enteros contemplada como testimonio de la mítica y mitificada Transición, pero además, Eloy de la Iglesia supo trascender el mero valor del testimonio para ofrecer —gracias a su profunda implicación en el proyecto— una película amarga, sentimental, sobre personajes que viven su derrota con dignidad.

David G. Panadero

Siete días de enero

España-Francia, 1978. Director: Juan Antonio Bardem. Guión: Juan Antonio Bardem y Gregorio Morán. Fotografía: Leopoldo Villaseñor. Música: Nicola Peyrac. Intérpretes: Manuel Egea, Virginia González, Fernando Sánchez Polack y Madeleine Robinson

Preguntado (*Mundo Obrero*, enero 2002) Juan Antonio Bardem por qué hizo *Siete días de enero* —en la que relata el asesinato de los abogados de Atocha a manos de unos pistoleros de extrema derecha, matanza que tuvo lugar sólo un año antes de que él estrenase su film— reflexionaba con gran sencillez: «Hice la película porque consideré —y considero— que era mi deber como ciudadano, como cineasta y como comunista».

Bardem asumió ese deber con mucho sentido del riesgo, habida cuenta de las tensiones sociales de aquel entonces (durante el tiempo que la película estuvo en cartelera se encontró con problemas y amenazas de grupos como los llamados de Cristo Rey).

Siete días de enero nos muestra en clave de ficción documental —alternando la recreación de los hechos con tomas de archivo— la agitada tercera semana de enero de 1977: las calles están llenas de manifestantes (y contra-manifestantes); se pide amnistía para los presos políticos; tampoco faltan los nostálgicos de tiempos de Franco que se escandalizan con la llegada de la democracia; la huelga parece no llevar a ningún acuerdo para las partes... En medio de este panorama de caos social —no nos olvidemos de algún fallecido por "error" en las manifestaciones— empieza a subir la tensión hasta límites insoportables…

…El 24 de enero de 1977 a las 22:40, dos hombres armados entran en el despacho de abogados laboralistas de la calle Atocha, mientras un tercero vigila en la puerta. El resto es Historia…

Juan Antonio Bardem consiguió un *thriller* duro y compacto que, no sólo no envejece, sino que fermenta como los buenos vinos y mejora con los años, porque su ambientación realista denota su autenticidad. Tanto la sencillez a la que le obligaron la parquedad de medios como la estética documental colaboran a crear un ambiente tenso, donde ninguna imagen es decorativa y ningún plano está de más; todo es funcional y encaja en la maquinaria. También destaca el uso de la luz natural, que excluye cualquier atisbo de juego retórico.

La película se narra en *crescendo* desde la acción en la calle culminando con el plato

fuerte: el asalto al despacho de abogados donde Bardem maneja, magistral, el uso del silencio, inmortalizándose la imagen de los abogados como víctimas con las manos en alto: un momento escalofriante, todos ellos indefensos ante el pistolero, un José Manuel Cervino en estado de gracia.

Bardem redondea la epopeya con las imágenes finales del entierro de los abogados —anegadas en música de funerales— donde se produjeron grandes concentraciones. Supone un momento humano y emocionante, el recuerdo para unas personas que no merecían sin duda ese destino y que fallecieron en un acto de terror…

Valga como remate la frase promocional del DVD de la película: «Una película contra la violencia y el terrorismo venga de donde venga». Piensen un poco en esa frase; no es tan inocente como parece, y daría pie a otro interesante debate…

David G. Panadero

El crack

España, 1981. Director: José Luis Garci. Guión: José Luis Garci y Horacio Valcárcel. Fotografía: Manuel Rojas. Música: Jesús Gluck. Intérpretes: Alfredo Landa, María Casanova, Manuel Tejada y José Bódalo

Es fácil suponer el desconcierto de aquellos que conocían el nombre del actor que iba a interpretar el papel de Germán Areta. ¿Alfredo Landa? Estás loco… Pocos creían en la capacidad de este navarro, bajito, histrión, especializado en papeles cómicos (aunque desde *El puente*, en 1977, su carrera había empezado a ganar prestigio, pues a partir de ahí los nuevos personajes se alejan con un perfil más dramático de los que había interpretado anteriormente) para meterse en la piel de un detective privado, otrora policía, con aroma a Bogart y bigote incluido, capaz de trabajar veinticuatro horas seguidas a base de café, cigarrillos y un bocata de calamares.

Me imagino a José Luis Garci (Madrid, 1944) empecinado en esta elección, muy seguro de ella, explicándole a sus colegas que Landa era la persona idónea para protagonizar *El crack*, quizá porque ya lo había dirigido en *Las verdes praderas* —comedia que pone en solfa los valores y estilo de vida de la clase media española— y columbraba la variedad de registros que podía llegar a alcanzar (*Los santos inocentes* de Mario Camus o *El bosque animado* de José Luis Cuerda son posteriores), o quizá también porque la misma tarde que se conocieron, unos diez años antes, se fueron juntos al campo del Gas para ver boxear a Urtain.

En alguna entrevista, Landa confiesa que al estrenarse el film temía que le pasara lo mismo que a López Vázquez en *Peppermint Frappé* (por cuya interpretación Chaplin dijo que era el mejor actor del mundo), es decir, que nada más aparecer en la pantalla el público empezara a reírse. Por fortuna eso no ocurrió. La gente que acudió a las salas quedó asombrada y aplaudió enormemente su actuación, y todavía hoy se considera una de las más sobresalientes de su dilatada carrera, compuesta por unas ciento treinta películas.

Escrita por el propio Garci y Horacio Valcárcel —su coguionista habitual—, *El crack* es un homenaje a la literatura y al cine negro norteamericano, intención que resulta visible desde el comienzo con esa dedicatoria a Dashiel Hammett, y constituye una *rara avis* dentro de la irregular y melodramática filmografía del director, ganador de un Oscar en 1982 por *Volver a empezar*. Su argumento es bastante sencillo: Germán Areta es contratado para descubrir el paradero de una menor. Ayudado por Cárdenas, raterillo interpretado por Miguel Rellán, se verá inmerso en el lodazal de la prostitución de lujo y de las altas finanzas, y aquellos delitos que parecían sepultados por la losa del tiempo empezarán a aflorar en la superficie poniendo en peligro su vida.

Dirigida de forma clásica, haciendo un uso magistral del *tempo* narrativo, con una hermosa fotografía que nos muestra un Madrid americano (ya decía Umbral que la Gran Vía miraba a Nueva York o a Chicago), envuelta por las notas musicales de Jesús Gluck y con algunos secundarios de lujo —José Bódalo, Manuel Tejada—, los fotogramas de *El crack* conforman una de las mejores películas del género y de nuestro cine en general. Y en este podio también incluyo su segunda parte.

Lorenzo Rodríguez Garrido

Fanny Pelopaja

España, 1984. Director: Vicente Aranda. Guión: Vicente Aranda. Fotografía: Juan Amorós. Música: Manel Camp. Intérpretes: Bruno Cremer, Fanny Cottençon, Ian Sera y Francisco Algora

Con la aparición de *Harry, el sucio* (Don Siegel, 1971) cambió nuestra forma de ver a policías y psicópatas. Antes, "los de la placa reluciente" daban caza sin cuartel a los desequilibrados sin que el reparto de papeles entre ellos no dejara resquicio alguno para la confusión; pero, desde aquel entonces, empezamos a fijarnos, cada vez más, en lo que tienen en común, en esa zona de penumbra que los hermana, lo quisieran o no.

En este brillante *thriller* erótico, Vicente Aranda quiso dar un paso más allá al situar a una mujer obsesionada por la venganza y un policía corrupto enfrentados en el único territorio común y posible: la cama, entendida como campo de batalla donde Fanny (la actriz francesa Fanny Cottençon) y el Gallego (Bruno Cremer) se unen por una relación de tintes sadomasoquistas que sólo admite la aniquilación de uno de los dos.

La película es una versión libre de la emblemática novela *Prótesis* (1980) de Andreu Martín, pero escogemos no observarla como mera adaptación, porque de esta manera podría resultar decep-

cionante. Como muestra un botón: la novela —después de experiencias homosexuales en váteres públicos— enfrenta a dos hombres, el Dientes y el Gallego. No sabemos si el propio cineasta consideró poco comercial está opción, el caso es que optó por una —más convencional dentro de lo que cabe— pareja heterosexual.

Si apreciamos el trabajo de Vicente Aranda de forma independiente podremos incluso advertir que, aún traicionando la letra, la película conserva algo (lo esencial nos atrevemos a decir) del espíritu de la novela.

Aranda consigue hacer un retrato sórdido y estilizado de las calles de Barcelona en este film donde los actores se mueven como en una obra de gran guiñol, guiados por sus bajas pasiones, al ritmo de una desencadenada banda sonora, un febril rock sinfónico —a cargo de Manel Camp y Teo Cardalda— que enrarece cada fotograma.

Por último, Aranda consigue convertir *Fanny Pelopaja*, casi, en un cuento de terror gracias a un tratamiento abstracto, sadiano. Los destinos de Fanny y el Gallego parecen estar trazados en paralelos concéntricos, formando una extraña simetría.

Si él le destrozó a ella la boca con la culata del revólver, ella hará lo propio después del asalto al furgón blindado, cerrando, así, el primer círculo. Si él tuvo que dejar la policía para pasar una temporada en una clínica mental, cuando todo acabe, como si siguiera sus pasos, ella irá a esa misma clínica mental, anudando la segunda circunferencia.

Aún más, cuando llegue allí, su boca estará sellada definitivamente, para guardar el secreto de todo lo que vivieron juntos, y poner así punto y final a tan destructiva historia de amor.

Sin duda, estamos ante una de las películas de esos años que no sólo no ha envejecido, sino que se ha convertido en *rara avis*, y que debería servir de ejemplo hoy en día por su capacidad para la provocación, por su visceralidad, su radicalidad…

David G. Panadero

Beltenebros

España-Holanda, 1991. Director: Pilar Miró. Guión: Mario Camus, Juan Antonio Porto y Pilar Miró. Fotografía: Javier Aguirresarobe. Música: Pepe Nieto. Intérpretes: Terence Stamp, Patsy Kensit, Geraldine James y José Luis Gómez

Adaptación llevada a cabo por Pilar Miró sobre la novela de Antonio Muñoz Molina, *Beltenebros* narra la historia de un antiguo militar reconvertido en sicario circunstancial, un inglés llamado Darman, el cual, en plena posguerra, viaja a Madrid con la misión de encontrar y matar a un topo despreciable que se oculta en las filas del muy clandestino Partido Comunista. Bajo este patrón argumental no exento de interés, la película pronto busca cobijo en los más básicos clichés del género negro: el protagonista no tarda en trabar contacto con una bella y misteriosa rubia, Rebeca, cantante de *music hall* y amante del hombre al que busca. Huelga decir que Darman, nuevamente atrapado por un pasado del que quiere huir, se acabará enamorando de ella, con las previsibles consecuencias que esto habrá de traer para el buen desenlace de su misión.

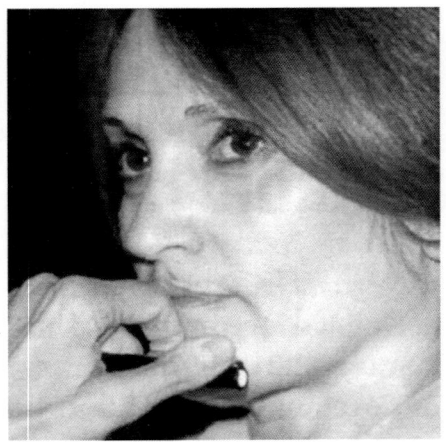

Pilar Miró

Con un planteamiento que, pese a lo manido, resulta bastante efectivo, y una puesta en escena más que solvente en la que destaca la ambientación de ese Madrid arcaico de posguerra, sombrío y no falto de misterio, lo cierto es que la película adolece de una marcada carencia de solidez en tanto a ritmo narrativo y verosimilitud en la recreación de personajes. Si la fotografía, a cargo de Javier Aguirresarobe, es con mucho lo mejor del film al proponernos un magnífico viaje de ida a la oscuridad subterránea de la clandestinidad en aquellos tiempos, el ritmo de la historia no se sostiene, no parece en ningún momento que se encuentre dispuesto a arrancar de verdad. El pasado y el presente, con el crisol de la visión del torturado Darman, buscan entremezclarse, toda vez que lo hacen con lentitud exasperante y no sirven como vehículo para el desarrollo de los sentimientos del sicario hacia la mujer de su víctima, que más bien parece una imposición del tópico que algo que surja merced a una verosimilitud narrativa.

No obstante, si menoscabamos la consideración de todos estos detalles y enfocamos la película como un homenaje entrañable al cine negro clásico americano, con el contexto patrio de nuestra irrenunciable posguerra y otros elementos que sirven bien para la transposición del espectador, la película reviste un cierto interés. Dotada de una factura técnica sobresaliente, el devenir continuo de escenarios que parecen albergar las frías tinieblas de la existencia en la clandestinidad obligada, puede resultar variable en el grado de credibilidad, pero no cabe duda de que transmite la esencia de la sospecha, la suspicacia y el temor angustioso de una organización que sobrevive en las sombras de una dictadura totalitaria, esperando algo que no llega mientras se ve sujeta a engaños, manipulaciones y traiciones. Todo ello nos conduce a la percepción de un film con un poder evocativo visual contundente, en el que a poco escarbar, sin embargo, desvelamos una obra huera de contenido.

J.F. Pastor Pàris

Éxtasis

España, 1995. Director: Mariano Barroso. Guión: Mariano Barroso y Joaquín Oristrell. Fotografía: Flavio Martínez Labiano. Música: Bingen Mendizábal. Intérpretes: Javier Bardem, Federico Luppi, Silvia Munt y Daniel Guzmán

Varias películas de los años noventa dibujaban una juventud nihilista fascinada por la violencia en una búsqueda de sensaciones fuertes. *Éxtasis* parecía apuntarse a esta corriente pero adquiría su personalidad propia al convertirse en una crítica de la obsesión por el dinero y el ascenso social: los protagonistas no eran chicos de buena familia que han perdido los valores por exceso de comodidades materiales, sino jóvenes de clase social media baja sin expectativa de futuro a los que la sociedad capitalista condena a una especie de suplicio de Tántalo al ofrecerles continuamente sueños de lujo y ostentación a la vez que les cierra cualquier puerta que les permita acceder a ellos; una situación bastante semejante a la de los personajes de *Barrio* de Fernando León,

que se estrenaría pocos años después. En *Éxtasis*, sin embargo, la rabia de los jóvenes vence a la anestesia producida por el consumismo y los chicos, deciden no limitarse a soñar y pasan a la acción, es decir, comienzan a delinquir.

No es precisamente casual que sus delitos no tengan como víctimas a desconocidos sino a miembros de sus propias familias, puesto que la película gira en torno a la orfandad, uno de las temas más recurrentes en el cine español: los tres personajes centrales, dos chicos y una chica, han sido o al menos se sienten abandonados por sus padres, por lo que su ira no tiene como objetivo a las clases adineradas en general, sino que se trata de una venganza personal bajo la que, en realidad, se esconde un deseo de conseguir la atención de sus progenitores. La ambivalencia de sus sentimientos, en los que se mezcla la necesidad desesperada de cariño paternal con la rabia de no poder conseguirlo, se evidenciará cuando uno de los dos muchachos (Rober, interpretado por Javier Bardem) se hace pasar por el otro para ganarse la confianza del padre de este último, un rico empresario teatral. Rober consigue pasar de esta forma al otro lado y ser hipnotizado por los cantos de sirena del éxito social: dinero, lujo, casas elegantes, drogas, mujeres y un trabajo de prestigio en el mundo artístico. El joven se vuelve consciente de su condición de ladronzuelo de poca monta y duda entre rendir sus ideales ante las comodidades que le rodean o ser fiel a su mundo anterior y volver con sus amigos, menos inteligentes que él y a los que su falso padre considera como un lastre del que es necesario liberarse para el ascenso social; pero la posible vuelta a las andadas no sería ya como carne de cañón que sólo puede acabar en manos de la policía sino como delincuente de guante blanco y de éxito. A este conflicto, ya de por sí poderoso para sustentar una narración, se suma el de la usurpación de personalidad; Rober se está haciendo pasar por su mejor amigo, que ve cómo le roban por segunda vez su padre y su vida. El enfrentamiento entre los dos está servido.

Este vibrante relato de tensiones familiares, psicológicas y sociales, un tanto malogrado por un desenlace ingenuo y poco verosímil, es la mejor muestra del talento de Mariano Barroso, un director que, con esta película y la anterior, su prometedora opera prima *Mi hermano del alma*, de temática similar, parecía llamado a ser un gran nombre del género negro español durante esos años; unas expectativas que no fueron cubiertas por sus trabajos posteriores.

José Antonio López

Adosados

España, 1996. Director: Mario Camus. Guión: Mario Camus y Félix Bayón. Fotografía: Jaume Peracaula. Música: Sebastián Mariné. Intérpretes: Antonio Valero, Ana Duato, Jaume Valls y Boris Nevzorov

El cineasta cántabro

La reputación de adaptador de clásicos literarios como *Fortunata y Jacinta* o *La colmena* ha acabado suponiendo un cierto sambenito para Mario Camus al darle la imagen de artesano poco arriesgado o poco implicado en sus proyectos. Sin embargo, el estilo un tanto frío y académico del cántabro no deja de traslucir una visión muy personal de las historias y personajes que describe, y su dilatada carrera incluye no pocos guiones originales e incursiones en los géneros más variopintos. El policíaco no es ni mucho menos una excepción, como muestran varias de sus obras durante los años noventa, en las que Camus utiliza el género para mostrar el desencanto de sus personajes, probablemente reflejo del suyo propio, ante un mundo postmoderno, postcapitalista y post casi todo en el que las convicciones y los valores sociales se desmoronan al mismo tiempo que se dificulta y degrada el trato entre las personas.

Tras retratar el ascenso de la cultura del dinero fácil en la España nueva rica de esa época a través de una trama detectivesca en *Después del sueño* (1991) y realizar a continuación el *thriller* rural intimista *Sombras en una batalla* (1993), el relato de una antigua etarra refugiada en el campo tras abandonar la banda, Camus concluye una especie de trilogía de flirteo muy personal con el género negro con *Adosados*, adaptación de una novela de Félix Bayón. El relato toma el punto de vista de un padre de familia burgués cuyo sentimiento de culpa e incapacidad de comunicarse con su entorno, que beben directamente de las obras de Patricia Highsmith, le llevan a convertir un hecho casi trivial (la muerte accidental del perro de la familia) en una espiral de conflictos de la que cada vez le resulta más difícil salir. La forma de vida de la clase media alta española, representada por la urbanización de chalets adosados en la que viven los personajes, en la que la única forma de ocio es acudir al centro comercial próximo, es retratada como un espacio de alienación; el padre (Antonio Valero) solamente es capaz de expresar sus problemas y sentimientos en un escenario completamente opuesto: la chabola en la que vive un inmigrante de Europa oriental que ni siquiera entiende el español y que a pesar de eso, o tal vez gracias a eso, es el único que consigue transmitirle algo de calor humano. El universo de aislamiento psicológico que se nos describe, y que vamos intuyendo que en cualquier momento puede desembocar en un estallido de violencia, alcanza una dimensión de crítica sutil al capitalismo ausente por lo general en las novelas de Patricia Highsmith o en el cine de Claude Chabrol, bastante similares a esta cinta, por otra parte, en estilo y temática.

El ser una propuesta tan apartada de la imagen ya comentada de su autor como adaptador de clásicos, y situarse igualmente al margen de los clichés habituales en el género negro español y también en el *thriller* de moda en la época, dominado por Quentin Tarantino y sus imitadores, sumado a una raquítica promoción y distribución en salas, provocó la indiferencia de crítica y público ante *Adosados*, una digna candidata a film de culto.

José Antonio López

La Comunidad

España, 2000. Director: Álex de la Iglesia. Guión: Álex de la Iglesia y Jorge Guerricaechevarría. Fotografía: Kiko de la Rica. Música: Roque Baños. Intérpretes: Carmen Maura, Jesús Bonilla, Emilio Gutiérrez Caba y Sancho Gracia

Clasificar esta película como cine negro resulta algo bastante aventurado. Sí que podemos considerarla, sin mucho temor a errar, como una gran pieza cinematográfica en la que se conjugan el terror y el humor negro, hilvanados mediante un contexto memorable en su fusión del costumbrismo siniestro. Tampoco deberíamos dudar de que estemos ante el mejor film de Álex de la Iglesia, sublimando los prometedores comienzos de *El día de la Bestia* (1995) y muy lejos de caer en absurdeces como *Balada triste de trompeta* (2010).

El tema de lo ominoso, inquietante o directamente terrorífico en torno a las comunidades de vecinos ya había sido tratado con anterioridad. Hacinados en los diferentes pisos de un mismo edificio y en muchas ocasiones obligados a un cierto grado de convivencia, es obvio que la mecánica vecinal resulta proclive al sustrato de lo tenebroso. Las incursiones en el tema pueden ir desde el progresivo camino a la locura y la autodestrucción psicológica, desencadenada por un entorno en el que el apartamento se convierte en una trampa grotesca, como vemos en *El quimérico inquilino* (*Le locataire chimerique*, novela de Roland Topor adaptada al cine en 1976 por Polanski), o bien directamente por la monstruosa plaga de vecinos zombies que nos ofrecen Balagueró y Plaza en *REC* (2007). En cualquier caso, el planteamiento de Álex de la Iglesia en *La comunidad* se adscribe a esta misma mecánica del horror en el que desembocan situaciones y ambientes familiares en su transmutación al ámbito del sórdido y atroz poso de la naturaleza humana, siempre estructurado sin perder de vista la comicidad más oscura.

Una comunidad de apariencia relativamente habitual esconde a un núcleo de vecinos al acecho para apoderarse del dinero de un inquilino que acaba de morir, en este caso un anciano decrépito que triunfó tiempo atrás en las quinielas. Bajo el engañoso justificante del "bien común", en un clima de anhelo carroñero en el que los integrantes de la comunidad llevan veinte años esperando para repartirse el dinero a la muerte del viejo, la irrupción del personaje de Julia —interpretado por Carmen Maura— supondrá el desencadenante de la narración. Así, pronto el entorno opresivo del edificio y sus pisos y descansillos será testigo de unos acontecimientos que, fluctuando entre la caricatura esperpéntica y la tensión creciente que transmite ese entorno lleno de monstruos para el que no hay salida posible, desembocan en el crimen que resulta anecdótico frente a la dosificación del ritmo y el humor de que hace gala la historia. Encauzada la trama mediante una mecánica narrativa impecablemente progresiva que nada tiene que envidiar a algunas de las obras de Hitchcock, el poso cómico de los lugares comunes hispánicos proporciona al espectador la percepción de una totalidad cinematográfica propia, auxiliado el director en esta ocasión por un reparto más que idóneo en el que sobresalen Emilio Gutiérrez Caba y la enorme Terele Pávez.

J.F. Pastor Pàris

La caja 507

España, 2002. Director: Enrique Urbizu. Guión: Enrique Urbizu y Michel Gaztambide. Fotografía: Carles Gusi. Música: Mario de Benito. Intérpretes: Antonio Resines, José Coronado, Goya Toledo y Dafne Fernández

No creemos necesario ni aburrir a nuestros lectores con una detallada genealogía de la corrupción en la Costa del Sol, indudablemente familiarizados ellos —cuando no directamente afectados— con burbujas especulativas de bienes inmuebles, recalificación de suelos, crisis hipotecarias y toda aquella terminología que ha saturado, durante los últimos años, el léxico de los medios de (in)formación de masas. Ya cuando la dictadura, agónica, daba sus últimos coletazos, el cine policíaco y negro español demostró su capacidad para recrear problemáticas, si bien universales, visiblemente adscritas a la Historia española reciente. *La caja 507* es la segunda aportación al *noir* hispano, tras la estimulante *Todo por la pasta* (1990), de Enrique Urbizu, un director cuyos primeros chapoteos fílmicos tuvieron lugar en las enturbiadas aguas de la serie B, orgulloso siempre de su supuesta condición de modesto artesano, aun cuando sus proyectos más mimados dejan entrever una mirada —sobre el cine y sobre el Hombre— marcadamente personal. En una entrevista concedida al portal de *streaming* filmin.es, el cineasta vasco reflexionaba sobre la forma en que «el cine negro te permite hablar de economia, de política, de sociologia, en definitiva, el movimiento verdadero del sistema, permitiéndote, además, hurgar en todo lo oculto. Creo que es una obligación del género que bucee en la sociedad que genera la película».

La caja 507 es la crónica de la inmersión en las alcantarillas del Estado del Bienestar por parte de Modesto —un pétreo y circunspecto Antonio Resines—, apacible y honesto director de una sucursal bancaria que se embarca en una sombría búsqueda de justicia y honor al margen de la Ley. Su imparable descenso al Hades de la democracia española destapará una vasta e intrincada red de corrupción —que terminará por absorberlo e integrarlo en sus filas— en la que se hallan igualmente implicados grandes constructores, cargos municipales e incluso la *maffia*. El desarrollo de la trama es el vehículo más apropiado para emprender un recorrido sarcástico y demoledor por una geografía urbana y humana inmediatamente reconocible; el director traza el minucioso mapa de una sociedad que asiste impávida e impotente a las corruptelas cotidianas, de unos *mass media* controlados por intereses tan indiscernibles como tenebrosos, de una clase política supeditada a los designios del Olimpo Empresarial. Lejos de ceñirse a los arquetipos estandarizados por los grandes maestros norteamericanos y europeos del género, el filme se desmarca de ellos para trabajar con un puñado de personajes notoriamente familiares para el espectador español.

El ritmo narrativo resulta sorprendentemente parsimonioso, sacudido por inesperados brotes de absurda violencia; en consonancia con ello, las interpretaciones de Antonio Resines, José Coronado, Goya Toledo, Sancho Gracia o Juan Fernández están marcadas por una contención que se quiebra en estallidos de incontrolable furia. Sin embargo, y tal vez debamos achacarle estos problemas a la escasa prolijidad fílmica de Urbizu, el relato cae, en ocasiones, en el ensimismamiento y en una estólida rigidez formal. Con todo, nos encontramos ante un esmerado y notable *film noir* que, a día de hoy, es un auténtico alegato en favor de un *mainstream* español capaz de romper con la dependencia, habitualmente cobarde y excesiva, de sus principales fuentes e influencias.

Ignacio Pablo Rico

Las horas del día

España, 2003. Director: Jaime Rosales. Guión: Enric Rufas y Jaime Rosales. Fotografía: Óscar Durán. Intérpretes: Álex Brandemühl, Ágata Roca, María Antonia Martínez y Vicente Romero

El principal atractivo o, según se mire, la gran limitación de la *opera prima* de Jaime Rosales es su naturaleza paradójica de ser una película sobre un asesino en serie que no trata sobre un asesino en serie. El film consiste en una sucesión de escenas rodadas mediante planos secuencia con cámara fija que muestran la vida cotidiana de su protagonista, Abel (Álex Brendemühl), un personaje en principio átono y gris, que habla con su madre, con su novia, con sus amigos... y que cuando tiene ocasión mata a desconocidos. Los crímenes se muestran con la misma frialdad que las otras secuencias y después de cada uno de ellos vuelve a sucederse la rutina; no existen detalles morbosos, ni sangre, ni policías, ni investigación, ni ningún intento de explicar los asesinatos desde la psicología ni desde la sociología, de justificar al personaje ni de juzgarlo.

Si la intención de Rosales es romper con todas las maneras habidas hasta la fecha de abordar un tema tan trillado y explotado como el de los asesinos en serie y plantear una nueva propuesta narrativa, desde luego lo consigue. Pero si pretende que el espectador ignorante de lo que va a ocurrir piense que está viendo un film naturalista al borde del docudrama y se que-

35ème Quinzaine des réalisateurs
Festival de Cannes 2003

Premio de la Crítica Internacional

LAS
HORAS
DEL
DIA

Un film de Jaime Rosales

ALEX BRENDEMÜHL   VICENTE ROMERO   MARÍA ANTONIA MARTÍNEZ
ÁGATA ROCA   PAPE MONTSORIU

WANDA VISION   IN VITRO   cameo

de desconcertado ante los crímenes, es muy ingenuo pensar que la prensa o cualquier medio de difusión que pueda tener la película no habrá puesto en guardia al público de antemano. El inconveniente de *Las horas del día* es que quien quiera pensar mal podrá argumentar con cierta razón que las secuencias violentas acaban siendo una forma un tanto facilona de compensar el estilo de planos fijos seco y sin concesiones del director y de camuflar bajo un ropaje de género una película en la que de otra forma parecería que no pasa nada. Cuando en realidad sí que pasa y la narración no necesita de la violencia para tener una entidad; lo más interesante del film es que las escenas que en teoría son anodinas y parece que sólo sirven para buscar el contraste con los asesinatos van más allá. El protagonista gris y aburrido con su vida normal y monótona, conforme va avanzando el metraje, va revelando una naturaleza inquietante; su charla indolente y en apariencia trivial está llena de malicia y de insidias, al principio sutiles, pero que se van transformando en ataques cada vez más directos e hirientes a sus diversos interlocutores. Desde su apariencia de mosquita muerta, Abel es un psicópata cotidiano y reconocible que disfruta haciendo daño de una manera cobarde. Los asesinatos, en cambio, pese al insólito estilo narrativo que se emplea, acaban acercándolo al psicópata peliculero y reincidiendo en la idea manida de asociar trastorno de la personalidad con crimen. Probablemente no se trate de una búsqueda de la comercialidad; de haberlo sido, su director habría aprovechado el inesperado Goya obtenido por su segunda película, *La soledad*, para iniciar una carrera de éxito en lugar de volver al anonimato con una tercera obra de nuevo difícil, *Tiro en la cabeza*. Su *opera prima*, aunque puede ser decepcionante o discutible desde un prisma de cine de género, muestra que existe cine español diferente y arriesgado más allá de la comedia y de la adaptación literaria.

José Antonio López

La mala educación

España, 2004. Director: Pedro Almodóvar. Guión: Pedro Almodóvar. Fotografía: José Luis Alcaine. Música: Alberto Iglesias. Intérpretes: Gael García Bernal, Fele Martínez, Daniel Giménez Cacho y Javier Cámara

El humo de un cigarro no maquilla la miseria, ni impera un riguroso claroscuro. Por el contrario, *La mala educación* de Pedro Almodóvar (2004) se sirve de un cromatismo enloquecido y de un cóctel de ficciones —nunca tanto color ni tanto hitazo sesentero sirvieron para trazar tanta negrura— en un film que conquista las trazas del género a golpe de intertexto y melodrama. Pero si el atrezo y el tono no son propiamente *noir*, resulta fácil reconocer al cineasta Enrique Goded como trasunto del detective empapado en bourbon o en Ángel Andrade —uno y trino— el contoneo cadencioso y la réplica mordaz de las rubias más fatales. No por casualidad, la primera escena se resuelve en un despacho: desde ese instante un relato furioso, "La visita", singularísimo halcón maltés, hará girar a su alrededor, como aspas de una turbina, a toda la *troupe* de Almodóvar.

Nunca la ficción estuvo tan en el centro —tan en el vórtice—. Si en *La ley del deseo* era un diálogo sordo entre Pablo Quintero y sus amantes, o en *La flor de mi secreto* el cuerpo donde sangraban todas las heridas —como diría Amanda Gris—, la ficción en *La mala educación* vertebra cada pliegue de la trama hasta el punto de convertirse, junto a la pasión, en el gran tema de la película —si bien no el único—. El cine de Almodóvar cuenta, no obstante, con una nutrida cantera de narradores: desde la incipiente Pepi, los novelistas de *¿Qué he hecho yo para merecer esto!* o Kika, Sor Rata de Callejón —monja y superventas— en *Entre tinieblas*, la biógrafa de Becky del Páramo en *Tacones lejanos*, Esteban en *Todo sobre mi madre* o Marco en *Hable con ella*, pasando por toda la terna de cineastas que salpica sus películas. La vida, en su cine, queda sólo justificada como mero fenómeno narrativo, como garante de que puede ser vivida porque, en definitiva, puede ser contada.

En virtud de lo cual es fácil suponer que, cuando Almodóvar sustituye a un detective por un director de cine, está subrayando con firmeza la naturaleza altamente detectivesca implícita en todo narrador —amén de una confianza ciega en que la justicia poética, por lo tanto, suplante a la penal—. No es extraño, visto así, que el crimen de rigor no se descubra sino en forma de monólogo, como narración, pues la búsqueda, desde el principio, se plantea en esos términos.

Cuenta Michaux en *Un bárbaro en Asia* —y Almodóvar en un par de relatos— el modo en que los japoneses abordan cualquier asunto sin ir directos al grano, de ese modo dicen burlarse del Diablo, que siempre camina en línea recta. *La mala educación*, como laberinto recursivo, contiene, sin embargo, un puñado de ángeles caídos, toda una paleta de masculinidades trazada con maestría, un surtido de placeres —no siempre prohibidos—, y el reencuentro —que no recon-

ciliación— con todos los fantasmas del pasado. No se trata, en cambio, de hacer las paces con todos esos fantasmas —ni siquiera de vengarse—, sino de volver a encerrarlos donde siempre tuvieron que estar o nunca debieron salir: en los cuentos de miedo sobre niños terribles.

Tristán Duanel

Celda 211

España, 2009. Director: Daniel Monzón. Guión: Jorge Guerricaechevarría y Daniel Monzón. Fotografía: Carles Gusi. Música: Roque Baños. Intérpretes: Luis Tosar, Alberto Ammann, Antonio Resines

Tres tristes trabajos —casi más raros que fallidos— hicieron falta para que el fuerte sustrato teórico del antaño escritor cinematográfico Daniel Monzón germinara en sólido talento cinematográfico. Carpenteriano irredento y siempre leal y aguerrido defensor de las posibilidades del cine de género en sus múltiples formulaciones, no deja de resultar conmovedor que su cuarto largometraje se haya convertido en un clásico instantáneo del cine carcelario. Pero *Celda 211* es más que un *thriller* de indudable potencia visual y giros imprevisibles; mucho más que el trabajo conjunto y magnífico de actores secundarios que otorgan verismo, corporeidad y vigor a las escenas de masas y al sucio entorno físico del filme.

Por encima de sus muchos aciertos, dos hallazgos magnifican el estupendo acabado de la película: en primer lugar, nos encontramos ante la más audaz e incómoda elaboración de un discurso político que el cine industrial español haya dado en la última década; la valiente vivisección de un sistema corrupto y pútridamente jerarquizado, con una tenebrosa capacidad de regeneración, deshaciéndose de cualquier coyuntura moral a la hora de luchar por su perpetuación. El valor de un alma es siempre proporcional a su peso político: la inclusión en la intrincada trama carcelaria de un conjunto de presos pertenecientes a la banda terrorista ETA es una intrepidez prácticamente insólita en nuestro cine reciente. Monzón no se contenta con poner el dedo en la llaga, sino que presiona y espera a que comiencen a supurar repulsivos y nauseabundos fluidos. Ajeno a cualquier vulgar pretensión alegórica, el entorno carcelario se erige, de esta forma, en un sórdido microcosmos que deviene en lúcido estudio de las relaciones de liderazgo y poder en los grupos humanos; el genuino y crudo diagnóstico de un sistema capaz de estrangularnos sin pestañear si, en algún momento, ve peligrar su marmórea integridad. Como bien señalaba Enrique Pérez Romero en *Miradas de cine* (n°92, noviembre de 2009): «es el propio sistema el que te empuja hacia sus márgenes, obligándote a ponerte en su contra y eliminándote después si lo estima oportuno para su supervivencia».

El otro gran pilar sobre el que se sustenta este consistente *thriller* no es sino Malamadre, antihéroe y antivillano, bronco Emperador del Submundo, un *outsider* de moralidad auténticamente ambigua —algo que agradecemos en nuestra era de antihéroes de cartón-piedra que no son, en realidad, más que gruñones de buen corazón—, tanto que evoca muchos de los caracteres concebidos por el irremplazable genio de Sam Peckinpah. Un feroz generador de violencia, asesino letal y líder legal, despiadado y extrañamente tierno. La caracterización de Luis Tosar ya ha hecho historia: una transformación llanamente genial, la creación de un hábil profesional entregado en carne y espíritu a su personaje.

En definitiva, y pese a ciertas asperezas —pensemos en esos *flashbacks* pretendidamente reveladores que terminan por resultar insustanciales y redundantes—, nos hallamos frente a un ejercicio de alta precisión narrativa, cuya turbia dimensión sociopolítica la convierte en una de las narraciones más incómodas —y necesarias, en un panorama cinematográfico tan (auto)complaciente como el nuestro— del último cine comercial español.

Ignacio Pablo Rico

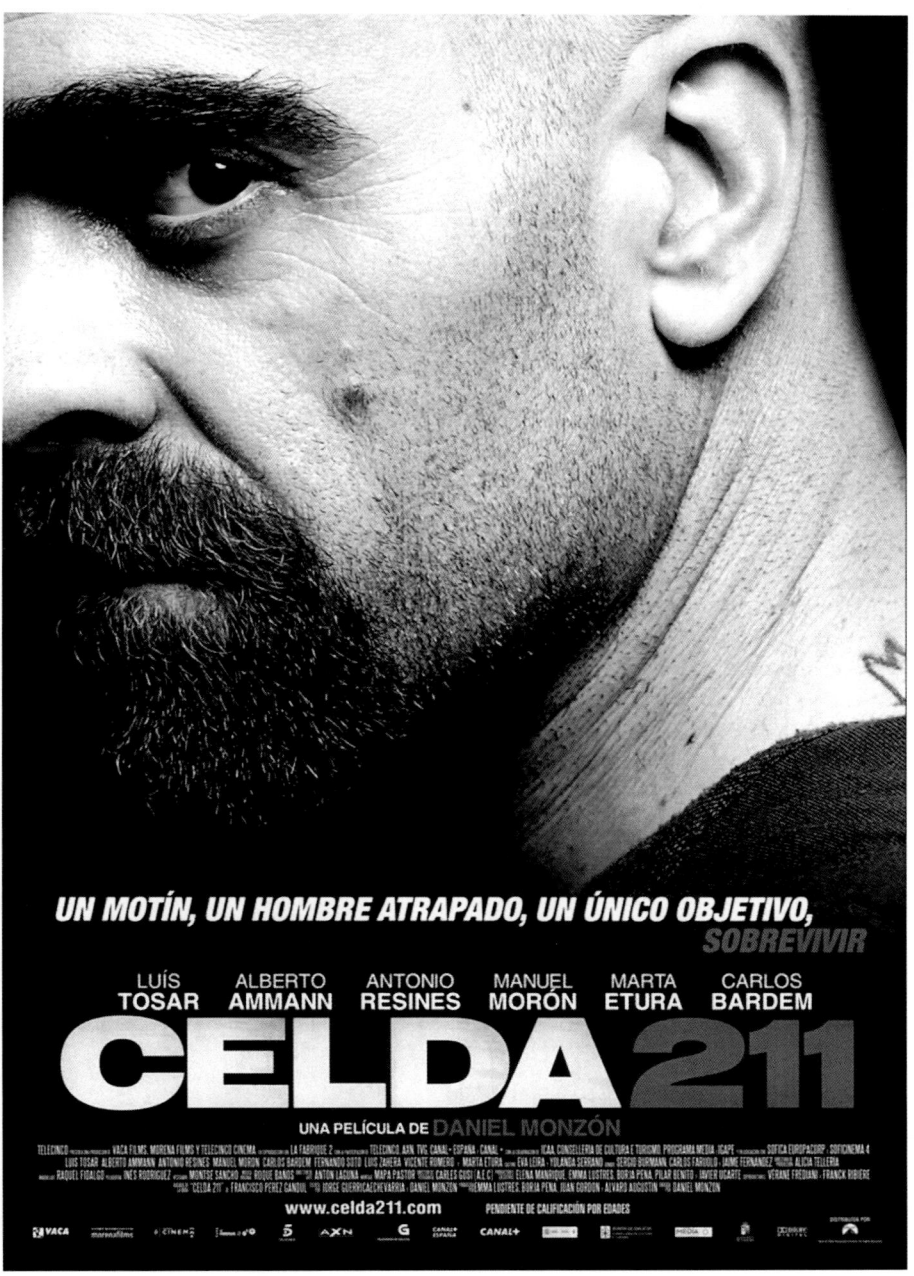

Entrevista con Pedro Costa (¡Tengo una felicitación de ETA!)

Por David G. Panadero

El productor y cineasta Pedro Costa ha demostrado una fuerte personalidad a la hora de trabajar, imprimiendo un sello inconfundible a sus películas, casi siempre vinculadas a la crónica de sucesos, aportando una interesante mirada a la sociedad muy lejana al amarillismo facilón. Recordad títulos como *Amantes* (1991), *La buena estrella* (1997) o su mítica serie *La huella del crimen*. Porque «la historia de un país es también la historia de sus crímenes».

Tu formación como cineasta tuvo lugar en la Escuela Oficial de Cinematografía en los sesenta. ¿Qué gente había por allí? ¿Qué ambiente se respiraba?

Fue impresionante. Yo ingresé en 1962, y se llamaba Instituto de Investigaciones y Experiencias Cinematográficas. Fue la primera escuela de cine que se fundó, y se hizo como dependencia técnica de la Escuela de Ingenieros Industriales. Hubo entonces un cambio de orientación en España, porque Fraga entró en el Ministerio de Información y Turismo, y hubo cierto aperturismo. Por ejemplo, se eliminó la censura previa en la prensa. Se potenció además la Escuela Oficial de Cinematografía, nombrándose director a un profesional de mucho prestigio, que fue José Luis Sáenz de Heredia. Había un profesorado importante: estaban Carlos Saura, Berlanga, Maeso, Miguel Picazo… Lo que pasó fue que el experimento se les volvió en contra, como suele ocurrir en las dictaduras. Aquello era un verdadero nido de rojos. Fíjate, de los diez que ingresamos en 1962, seis militábamos en el Partido Comunista. La Escuela de Cine fue el primer centro de Madrid en separarse del Sindicato Universitario para hacer un sindicato democrático.

Además, dentro de la Escuela no había censura, por eso nuestras prácticas eran insólitas dentro del cine español. Teníamos un acuerdo con Barajas para que nos hicieran llegar todas las películas que llegaban de Estados Unidos. Los sábados veíamos películas que aquí estaban más que prohibidas. Todo Madrid quería verlas… ¡Había bofetadas para entrar!

Alguna vez te he oído contar que para ti, la cámara de cine era como una pistola con la que disparar historias…

Esa era una de nuestras consignas, al más puro estilo Godard. Hay que crear Vietnams en el cine español, decíamos. El punto culminante de la Escuela de Cine fue en 1967 —y nos adelantamos al Mayo del 68—, cuando se celebraron unas jornadas mundiales de cine en Sitges. Yo entonces era delegado de la Escuela. En aquellas jornadas se proyectaba una película americana sobre Vietnam, alguien decidió prohibirla y se montó un cirio de cojones. Nuestras conclusiones de la semana fueron tan fuertes que hasta *Mundo Obrero* las censuró. Nosotros apostábamos por crear un cine libre e independiente de cualquier estructura burocrática. *Mundo Obrero* matizó, «de la actual estructura burocrática».

Hicimos un decálogo de Sitges entre Artero, Manolo Revuelta y yo, y algunos más. Aprovecho para mencionar que bajo la influencia de este decálogo, surgió Carlos Pérez Merinero, y el seudónimo colectivo de Marta Hernández. El resultado no pudo ser más contundente: diez detenidos, la guardia civil, avisada por el alcalde, se presentó en la cena y se lió una batalla en pleno comedor…

Yo me fui de la Escuela en 1968, el año en que, con retraso, me fui al servicio militar. Me tocaba…

Buñuel se inspiraba en los sucesos de la prensa diaria para construir sus historias. Quizás, aceptando esa influencia, te hiciste periodista de sucesos…

Buñuel leía mucho las revistas mexicanas de sucesos; decía que en cada página te encontrabas un argumento para película. Yo iba a la hemeroteca a leer *El Caso*. Me aficioné a leerlo, y como entonces no tenía otra cosa que hacer, fui a la redacción del periódico a pedir trabajo. Aquello era insólito; poca gente había ido allí a buscar trabajo. En los diarios, encargaban la sección de sucesos al último que llegara porque era la parte más desagradable. Hasta entonces, la prensa de sucesos era muy limitada: ir a Sol, a la Dirección General de Seguridad, y pedir información, para luego reproducir lo que te habían dicho. Cuando yo llegué a *El Caso*, lo dirigía un periodista impresionante: Eugenio Suárez. Empecé a escribir allí en 1969, nada más acabar la mili.

¿Qué supuso "El proceso de Burgos" en tu carrera como periodista?

Ese fue mi gran éxito en 1970. Previamente, a mí me habían detenido y encarcelado durante un mes, así que yo no iba a la Dirección General de Seguridad. Allí iba mucho Margarita Landi, sobre todo a una cervecería cercana que había en la calle Correo, donde iban los polis al salir,, e intercambiaban información.

Yo hacía lo contrario; me plantaba en la escena del crimen para enterarme de lo que hubiera pasado. La policía estaba hasta los cojones de lo que yo escribía, pero, por suerte, Eugenio Suárez me tenía mucha simpatía.

EL CASO ALMERIA

AGUSTÍN GONZÁLEZ - FERNANDO GUILLÉN
MANUEL ALEXANDRE - MARGARITA CALAHORRA - PEDRO DÍAZ DEL CORRAL
IÑAKI MIRAMON - ANTONIO BANDERAS - JUAN ECHANOVE - MUNTSA ALCAÑIZ
GUIÓN: MANOLO MARINERO, NEREIDA B. ARNAU Y PEDRO COSTA
DIRECTOR FOTOGRAFÍA: JOSÉ LUIS ALCAINE   MONTADOR: PABLO G. DEL AMO
MÚSICA: RICARDO MIRALLES - SINTONIA, S.A. EDICIONES MUSICALES
UNA PRODUCCIÓN MULTIVIDEO, S.A.
DIRECTOR:
PEDRO COSTA MUSTE

Respecto al Proceso de Burgos, nadie sabía lo que era aquello. Hubo una homilía en el mes de noviembre de 1970, o así. Un obispo vasco pidió rezar por aquellos jóvenes que se iban a someter a un juicio que podía costarles la vida.

En el País Vasco me enteré de lo que pasaba. Hablé con los familiares, me enteré del caso de Melitón Manzanas, que era el policía al que habían matado; el macrojuicio que querían hacer contra ETA... El Caso se vendió de una forma alucinante. ¡Tengo incluso una felicitación de ETA! Me felicitaron las navidades desde París.

A raíz de aquello me llamaron de *Cambio 16* para ficharme. Hasta entonces había sido una revista de tipo económico, pero se iba a abrir más a sociedad. Más tarde, un grupo de compañeros de *Cambio 16* —Miguel Ángel Aguilar, Felix Bayón y otros— fundamos la revista Posible.

Después acabé saturado. Trabajé en *Interviú*, y tuve problemas con la historia de un guardia civil que tenían preso en el comedor, en Guzmán el Bueno. Era una historia alucinante. Se trataba de un guardia civil que hablaba seis o siete idiomas, muy culto pero un poco zumbado. Era guardia civil por influencia de su padre, que también lo fue, pero aquello no era lo suyo, y estaba incómodo. Consiguió una plaza como traductor en Televisión Española, pero allí descubrieron que era guardia civil, lo echaron de televisión considerando que era un topo y lo expedientaron en la guardia civil. Se fue a Londres pero escribió a todos los diputados dando detalle de asuntos secretos. Lo acabaron encerrando en el comedor.

Gracias al contacto con una hermana suya, puede acceder a entrevistarle. No me dejaron publicar esto, y pensaron que era mentira...

En 1984 debutaste en el largometraje como director, con *El caso Almería*. ¿No piensas que tu trabajo como cineasta es casi una prolongación de tu oficio periodístico?

Tratamos de no hacerla tan periodística, pero evidentemente estábamos contando cosas que habían pasado. Con lo de *Interviú*, mi ilusión por el periodismo había disminuido, porque se había convertido en una especie de rutina, y entonces me planteé hacer cine, sobre todo al ganar las elecciones los socialistas en 1982. Pensaba que al no haber censura, sería posible hacer otro tipo de cine. Cuando sucedió "el caso Almería" yo estaba en Estados Unidos, y me enteré por la prensa. Entonces, cuando empezábamos a preparar la película, viajamos a Almería Manolo Marinero y yo. El abogado, que es quien levantó aquella historia, nos empapó de todo.

Nos lo planteamos más como una película americana que como una película italiana. Antes que hacer una crónica, dimos el protagonismo al abogado, que lo interpretó Agustín González, y era un tipo que por encima de todo quería demostrar la verdad. Contra todos, y por primera vez en la historia, él conseguía que un jefe militar fuese condenado en un tribunal ordinario.

La película fue un éxito impresionante: tuvo un millón y medio de espectadores, cifra que no ha alcanzado ninguna de las otras películas que he dirigido o producido. Había unas colas impresionantes en los cines; yo llevaba a mi madre a verla, que estaba emocionada. Me decía los domingos: «Mira, mira. La cola da la vuelta a la manzana…»

Poco después emprendiste la serie televisiva *La huella del crimen*, una serie ya clásica que muestra crímenes célebres españoles.

El caso Almería nació de un trabajo de campo, y entonces yo empecé a plantear que los crímenes españoles eran muy desconocidos para la gente. Tenemos asesinos tan importantes como los americanos o los ingleses, pero no se conocían. Hubo un momento, cuando Chicho Ibáñez Serrador estaba de jefe de programación en TVE —corrían los setenta—, me dio carta blanca para hacer algo así, pero nunca prosperó la idea. Con Ramón Gómez Redondo, que modernizó Televisión Española, sí fue posible.

Yo me proponía algo novedoso: actuaría como productor, aportando los temas, y atrayendo al proyecto a cineastas de prestigio como Juan Antonio Bardem, Vicente Aranda, Ricardo Franco, Angelino Fons, Pedro Olea… Más adelante entraron Imanol Uribe, Antonio Drove, Rafa Moleón, y yo también dirigí algún capítulo.

La sexta entrega de la segunda temporada acabó siendo largometraje: *Amantes* (1991), de Vicente Aranda.

Comentabas que te decidiste a hacer cine en tiempos de los socialistas. Tu cine ha sido siempre encuadrable en el género negro, y mucha gente comenta que con la implantación de la Ley Miró se dificultó el hacer cine de género en España. ¿Tú cómo lo viviste?

El tema de los anticipos no me afectó, porque en El caso Almería no había antici-po, y cuando hice *Redondela* en 1986, ya no estaba Pilar Miró de directora general, sino Fernando Méndez-Leite. Problemas con Pilar Miró he tenido todos los del mundo, pero en la época de la televisión. Hubo mucho pique entre su película *El crimen de Cuenca* y *El caso Almería*. Yo decía que su película era pura pornografía, de mostrar la sangre, las uñas arrancadas… En *El caso Almería* no se ve una sola gota de sangre, y era una película mucho más dura y más fuerte. Recuerdo aquello de retorcer los testículos en *El crimen de Cuenca*… Ella era una tía muy dominante… El caso es que ella se cargó *La huella del crimen*, alegando que los guiones y las historias eran flojos.

Una cosa que me maravilla de *La huella del crimen* es cómo repasáis las décadas de la Historia de España, desde finales del siglo XIX hasta los años setenta. Hacéis un retrato social muy interesante, y lo más llamativo de cada capítulo suele ser, por encima del crimen, el ambiente social que se capta.

Claro, el crimen es el estallido, pero lo que hay detrás de cada crimen es una situación social. La serie es la historia de un país, porque los crímenes cambian a la vez que el país. Los motivos por los que se mataba en los años cuarenta son distintos de los que llevan a matar ahora. La sociedad cambia y también cambia la criminalidad.

No éramos amarillistas ni mucho menos. Me gustan las sugerencias en el cine de Chabrol, por poner un ejemplo que suelo tener presente.

La serie estaba muy bien producida: rodada en 35mm, en los estudios Cinearte, y además contabais con partituras originales...

Tuvimos a músicos como Miralles, Pepe Nieto... Aquello era cine profesional, y con profesionales que sabían hacerlo muy bien. Eran temas de atractivo popular muy bien realizados. Yo seguía las teorías de los comunistas italianos, como Gramsci, que abogaba por influir en las clases populares tratando temas populares pero de una manera que trascendiera.

Buscábamos un fondo político, una forma de ver la sociedad, el ser humano...

El recientemente fallecido Carlos Pérez Merinero fue uno de tus más habituales colaboradores. ¿Qué tal trabajaba?

Lo conocí en los setenta, cuando él daba clases de económicas en la universidad. Como ya he comentado, él formaba parte del grupo Marta Hernández, que lo criticaban todo, y eran muy cáusticos. Tenía un cine-club llamado Peeping Tom, que es donde se formó el GRAPO. Enrique Cerdán Calixto, uno de los mayores ideólogos del movimiento, estaba por allí.

En el cine club ponían un cine muy radical: los tracks que hacíamos con Artero, como *Del 3 al 11*, o *Blanco sobre blanco*, donde no había ni película... Jerry Lewis, películas de autor...

Una vez se presentó allí Cerdán Calixto con un obrero. Le preguntó al acabar la sesión qué había entendido de todo lo que se había hecho y dicho allí, y el obrero respondió: Yo nada. «¡Hacéis unas sesiones que no valen más que para la ideología pequeño-burguesa!», decía Calixto.

Después de aquella época, Carlos empezó a escribir, unas novelas maravillosas, y él fue una de las primeras personas con las que contacté para hacer *La huella del crimen*. Hizo el primer guión, *El crimen de la calle Fuencarral*, y lo hizo rapidísimo, y colaboró en más guiones. Yo trabajaba siempre con él. El arranque de *Amantes* fue con él, y también el de *La buena estrella*.

Me entendía muy bien con él hasta que le dio la época esta de autismo y de quedarse metido en casa.

Una vez le propuse ir a Andorra para documentarnos para un guión, y él prefirió no hacer el guión, porque decía, «¡que yo no viajo!»

Uno de mis episodios favoritos es el dedicado a Jarabo. ¿No sientes tentaciones de retomar esa historia?

Estoy intentando hacerlo desde hace cuatro o cinco años, pero no he encontrado el director adecuado. Funcionaría, y la época, los cincuenta, es tan buena... He intentando hacer una coproducción, porque el personaje de ella, Beryl Martin Jones, está olvidado. Si metes a Javier Bardem con una actriz joven norteamericana, tienes un reparto de la hostia. Pero falta un buen director para hacerlo.

Debe ser más complicado abordar crímenes recientes por el peligro de las querellas. ¿Te has encontrado a menudo con problemas legales?

Estoy acostumbrado a las querellas, no pasa nada. En *Interviú* tuve más de veinte, y perdí sólo una que era contra un juez. En televisión hay querellas constantemente; el otro día tuve una por el documental *Tetas, valor en alza*. Me han pasado cosas alucinantes, como en el caso de *La envenenadora de Valencia*. Apareció una chica alegando que era hija de la envenenadora, y yo pensé que era imposible, porque ésta no tuvo hijos. Resultó que era hija de otra envenenadora, porque en Valencia había cinco o seis.

Tuve otra querella a propósito de *La envenenadora de Valencia*, que se llamaba Pilar Prades, por cierto. Apareció un hermano suyo, llamado Prades Espósito, que tenía un negocio de gaseosa en Castellón. Quería una indemnización porque decía que habíamos manchado el nombre de su empresa, ¡fue demencial!

Entre 2009 y 2010 rodasteis tres nuevos episodios de *La huella del crimen*.

Sí. Trabajar para televisión se había vuelto complicado, por eso me dediqué más a producir cine, películas como *La buena estrella*, *Pídele cuentas al rey*, *La vida de nadie*, *Las trece rosas*, *Platillos volantes*... Todas basadas en sucesos.

Sin embargo, cuando Zapatero ganó las elecciones en 2004, entró gente nueva en TVE, personas como Carlos Fernández,

David Martín... Les fui a ver y se mostraron abiertos y receptivos. Pude colocarles *Plutón BRB Nero*, de Álex de la Iglesia. Me propusieron hacer *El caso Wanninkhof* y lo hicimos en tres meses. ¡Acuérdate de que tú sales al final deteniendo al asesino! Funcionó de maravilla, y continuamos con tres episodios más: *El crimen de los marqueses de Urquijo*, *El asesino dentro del círculo* y *El secuestro de Anabel*. Entretanto, hubo una crisis en TVE y Zapatero decidió quitar la publicidad. Cambiaron el equipo y se cortó toda relación... Quizás algún día se hagan más.

Tengo entendido que el capítulo centrado en los marqueses de Urquijo también generó polémicas, incluso denuncias...

Nos demandaron los hijos. La hija me demanda a mí personalmente, y no a TVE. Es algo demencial. Pide parte de los beneficios y yo le he demostrado que con esta película perdimos casi... Además tuvimos precauciones: esta vez sí que cambiamos los nombres porque veíamos venir la historia. Que los Urquijo me condenasen a

mí sería tremendo. Bueno, sería como lo de Garzón con el Camps…

Algunas de tus películas, como *Una casa en las afueras* (1995) o *El crimen del cine Oriente* (1997), tienen una atmósfera muy inquietante. ¿Nunca te ha apetecido hacer cine de terror?

Las dos películas me gustan mucho, pero la que funcionó fue la de Ricardo, *La buena estrella*. Se hicieron las tres a la vez. *Redondela* tampoco funcionó, en cambio le produzco *Amantes* a Aranda, y es la hostia… No me planteo ya dirigir.

Hay una figura histórica que se ha puesto de moda, Enriqueta Martí, la Vampira del Raval. ¿No te interesaría centrarte en ella para una película?

Es una leyenda de Barcelona que no se conocía bien. Influido por las sugerencias de Íker Jiménez, me fui a *La Vanguardia* y al *ABC* a documentarme, y escribí un artículo en el Dominical de *El País* que tuvo mucha repercusión. Se han hecho tres novelas. *La Mala Dona*, de Marc Pastor; *Los Diario de Enriqueta Martí*, de Pierrot, y una tercera de una chica argentina que no recuerdo ahora, ¡y que defiende a Enriqueta Martí con teorías feministas!

Decidí hacer una película sobre el tema con Eduard Cortés. Salvador Calvo me dio la pista de hacer un cuento al estilo de Tim Burton, protagonizado por los niños, que están encerrados en un sótano. Era un proyecto muy bueno, pero topamos con dificultades. En Telecinco nos decían, «¡no se ve a la mala en acción!»

Lo más aterrador que se veía eran las maletitas que da la Vampira a los niños cuando abandonan la casa. Un día un niño descubre… que todas están apiladas en una habitación. Pero veo muy complicado que esta película salga adelante.

Cuéntanos en qué trabajas ahora.

Ahora estoy trabajando con Eduard Cortés sobre otra película que adapta un hecho real. Se llama *¡Atraco!* Es una película al estilo de los Coen, quizás comparable a *Fargo*. Un argentino decide vender las joyas de Eva Perón, y viene a Madrid a empeñarlas en una joyería de la Gran Vía. La mujer de Franco, que es aficionada a visitar joyerías, va allí y decide llevárselas, y cuando el tipo vuelve, no están las joyas ni el dinero del empeño… Casi todo lo que se cuenta en la película es cierto, salvo lo de la mujer de Franco, que es un rumor, pero a mí me lo contó un policía.

Hablemos de un tema de actualidad: ¿qué opinas de la piratería y el cierre de Megaupload?

Hay que cerrarlo. Creo que lo de Anonymous y la Asociación de Internautas es de una desfachatez total. No hay vuelta de hoja. Todos estos argumentos no se aplican contra la propiedad privada. Nadie va a un restaurante a comer gratis… En cambio lo otro parece que no tiene ningún valor: canciones, películas… Me ha extrañado la reacción del ministro Wert, que haya seguido con la Ley Sinde, y la cobardía de los socialistas de no atreverse a aprobarla… Pero España es el país donde hay más piratería. Muchos internautas son idiotas, porque piensan que no pagan; pero qué se creen, ¿de dónde saca el dinero, los aviones privados el dueño de Megaupload? Es lo mismo que el top manta, aunque parezca más sofisticado.

Pedro, una cosa que siempre me ha maravillado de ti es lo juvenil que eres como espectador. Recuerdo incluso que te gustó *Spider-Man 3*.

Sí, las de Spiderman me gustan mucho. Me gusta estar al tanto de lo que se hace.

Para despedirnos, recomiéndanos algo de la cartelera.

Drive me gusta mucho, la que más. Me ha gustado mucho *El artista*. *Los descendientes* me parece horrible. *Criadas y señoras* estaba bien también… ∎

Entrevista con Alejandro M. Gallo (meando napalm)

Por Luis de Luis

Más de dos años largos desde la publicación de la ambiciosa y compleja *Operación Exterminio*, Alejandro M. Gallo, con las cosas (aún) más claras y con el chocolate (aún) más espeso, ha regresado por la puerta grande y por partida doble. Como reza un viejo verso "Más penado y más perdido, pero menos arrepentido" que el autor traduce como "Meando napalm" Alejando Gallo ha vuelto peor que nunca. Y, cómo es natural, Prótesis le abre las puertas de sus páginas, le recibe con los brazos abiertos y le da su bienvenida más calurosa.

En primer lugar, enhorabuena por el prestigioso premio García Pavón obtenido por *Asesinato en el Kremlin* (Rey Lear, 2011). Creo que es justo y necesario comenzar por recordar la figura de Francisco García Pavón, cuya figura y obra ha sido sistemáticamente y durante décadas ignorada por el público y menospreciada por la crítica.

Como ya dije en Tomelloso, durante el acto en el que se me entregó el premio que comentas: creo que la literatura de García Pavón merece reivindicarse por varias razones que paso a enumerar. La primera por su originalidad: sus tramas y ambientaciones no copian a nadie en una época que los escritores españoles copiaban y copiaban las tramas, personajes y escenarios, sobre todo norteamericanas. En segundo lugar porque escribe novela policíaca alejándose del manido "ex policía, ex alcohólico devenido en detective privado" que llenó la novela policial durante eones y más en su época. Por último, García Pavón fue capaz de conjugar novela negra, costumbrismo y buena literatura. Podría seguir, pero creo que estas tres razones son más que suficientes para reivindicar su obra.

Curiosamente el tema de *Asesinato en el Kremlin* está muy alejado, en principio, del mundo narrativo de García Pavón. ¿Cuál fue el germen de la obra?

Si de lo que hablamos es de historias negras, de tramas escritas desde el infierno, no hay senderos largos entre ciudades. Toda urbe, independientemente de su tamaño y ubicación, posee sus crónicas negras y eso es lo que las une.

A mí me gusta cruzar la novela negra con la histórica, pero no cualquier momento histórico. Me interesa lo que Michael Foucault llamaba los «puntos de confusión», momentos en los que nadie sabe cuál es la solución a los problemas ni dónde se encuentra la luz al final del túnel. La crisis económica mundial actual es un buen ejemplo de ello.

Estudiando los años de la Revolución Rusa, existen muchas escenas que indican esa oscuridad, ese instante en el que nadie sabe si las conquistas de 1917 frente al régimen de los Romanov van a evolucionar o a involucionar. El 4 de diciembre de 1934 es un gran «punto de confusión» en la URSS. El asesinato de Serguéi Kirov es el instante en el que comienzan las grandes purgas políticas. A lo que añado que si las únicas pistas para la resolución

Foto: Armando Álvarez

del caso eran dos charcos de sangre de distinta densidad, un revólver Nagant con un cartucho percutido, una navaja ensangrentada y un zurrón con un diario, le puedo asegurar que pocos escritores de novela policíaca se resistirían a continuar la trama desde esos elementos. Según avanzaba en la novela, parecía que las páginas se escribían solas. Como dijo un personaje mío en otra novela: «Me encontraba ante un caso cinco estrellas»

En el libro aprovecha para desmontar más de un dogma y más de un tópico que pasan por "verdades reveladas"...

Creo que no es un secreto para nadie que los ideales que llevaron a los bolcheviques al asalto del Palacio de Invierno o al asalto del cielo, como se decía entonces, fueron traicionados por una burocracia —una nueva capa social— que adquirió su fuerza en la época de Stalin. La épica leninista de la revolución proletaria fue sustituida por los campos de reeducación de Siberia, las colectivizaciones forzosas y el trabajo "estajanovista". El momento en el que ambiento la novela, 1934, es el mayor punto de inflexión hacia una parálisis absoluta de los logros sociales alcanzados en 1917.

Hablando de dogmas... ¿No cree que tanto sobre éste, como sobre cualquier otro periodo histórico, hay un gran desconocimiento? ¿Qué, a menudo, nos conformamos con "verdades de fe"?

Ocurre una cuestión muy extraña, la mayoría de la población parece conformarse con aquel dicho: «Es más fácil creérselo que averiguarlo». Tal vez sea más cómodo y nos genere menos cargos de conciencia, pero la labor de un autor de ficción criminal es escribir desde el infierno, guste o no al respetable.

Y si habla usted de "verdades de fe", le diré que si algo distingue a los protagonistas del género, desde Dupin a Marlowe pasando por Sherlock Holmes, es que ellos no creen en la "fe", pero sí en la "verdad".

Tiene un público fiel que ha ido construyendo durante años, sin embargo con Asesinato en el Kremlin ha dado un "volantazo" con respecto a lo que se espera de usted.

Las reacciones iniciales ante la novela fueron de extrañeza al ver que abandono el escenario de las montañas asturleonesas y las historias negras que albergan sus valles, que han estado presentes en mis novelas anteriores de una forma u otra. Aunque, mis lectores, una vez se han sumergido en la trama del libro se han dado cuenta de que mantengo una serie de cuestiones que les gustan: el cruce de momentos históricos convulsos y poco conocidos con la novela de intriga, la creación de personajes que pueden tener su continuidad, la búsqueda de la verdad por encima de credos políticos o religiosos o el regreso a los héroes que se quejan poco de sus miserias, beben fuerte, fuman Lucky Strike y mean napalm.

Hablando de "volantazos", llega simultáneamente a las librerías Seis meses con el comisario Gorgonio, una obra de humor protagonizada por un policía que, para entendernos, si Ramalho fuese James Bond, Gorgonio sería el Inspector Closeau...

Cualquier género literario —al igual que las personas— que quiera alcanzar la mayoría de edad lo primero que ha de aprender es a reírse de sí mismo. Con las aventuras del comisario Gorgonio no ironizo, me pitorreo.

Va a dar un disgusto a quienes esperan de usted solemnidad y gravedad...

El comisario Gorgonio nace del hartazgo a la actual novela policial. El supuesto "boom" de este género ha provocado el desembarco de historias que a veces uno cree que han sido escritas por extraterrestres, ya que no hablan de lo que realmente ocurre en nuestras calles. A veces pienso que tienen razón esos críticos que defienden que la actual novela policíaca es la nueva novela de caballerías. Las aventuras de este singular comisario nacieron en las páginas dominicales del diario El Comercio en entregas semanales, una técnica ya en desuso y que nadie cultiva. Lleva varios meses y su vida se prevé larga. Es decir, no falta solemnidad y gravedad, al contrario, Gorgonio es irrespe-

tuosamente respetuoso con lo esencial, como se puede comprobar.

Por otra parte, se alegrarán aquellos que dicen que en sus libros siempre han faltado sexo y humor...

No sé si se alegrarán o no, en cualquier caso se quedan cortos. Me gustaría añadir que, además, en mi literatura falta pornografía, teología, escatología, detectives gastronómicos, ex policías, ex alcohólicos devenidos en detectives privados, investigadores con achaques, recetas de cocina, juezas pijas, héroes que salvan el sistema a base de tiros o carreras de coches, resolución de casos que nada tienen que ver con el procedimiento policial, pero sobre todo, mi aspiración y mi deseo es que en mi literatura falte «el prestigio del tedio», que diría Borges.

Por cierto. ¿He oído bien? ¿Dice usted "supuesto boom del género"?

Sí, me ha oído bien. Aquí me parece que alguien se ha confundido. Han muerto tantas colecciones de novela negra como han nacido. Las ventas van en declive y hasta colecciones consagradas tienen sus días contados. Se ha vendido humo y ahora nos estamos dando cuenta de la falacia. Hasta hemos llegado al extremo de que ciertas traducciones de novelas policíacas son tan malas que nos muestran la poca estima que tienen ciertas editoriales hacia los lectores.

De acuerdo con lo anterior ¿hacia dónde se encamina el panorama editorial?

Hacia lo que ya estamos viendo: el fin de las «historias escritas con sangre», que diría Nietzsche. Es la hora de las tramas dirigidas por directores de marketing en las que introduciremos unas dosis de esto, otro poco de aquello, unas gotas de lo que esté de moda, personajes planos que no ofendan a nadie y una historia sólo apta para tontos del culo. Todo a la batidora y listo para degustar en el número de páginas que se nos diga. Está vigente más que nunca en la mente de esos publicistas aquel dicho de Lope de Vega: «Escribo por el arte que inventaron los que el vulgar aplauso pretendieron. Porque como las paga el vulgo, es justo hablarle en necio para darle gusto». Ah, nunca falta el librero atorrante (o "asere", que dirían los cubanos) que hace la ola.

Mucho me temo que no se dejará usted convertir en una formula editorial...

Pienso que el autor que sólo escribe de un personaje es como el cliente que siempre va al mismo restaurante y almuerza el mismo menú. Además, si ese escritor quiere ir más allá, su propia criatura lo fagocita hasta el punto que ha de matarlo. El inspector Ramalho da Costa con su amigo El Coronel volverá con nuevas aventuras, pero antes de volver a las andadas, he de crear otros universos y personajes.

Por último, acabemos con la tópica pregunta de rigor: ¿Cuáles son sus proyectos? ¿Qué pueden (des)esperar tus lectores?

Encima de mi mesa se encuentran los siguientes borradores o esquemas: una nueva aventura de Ramalho da Costa y el Coronel ambientada en Vallecas, el guión del cómic basado en mi novela *La última fosa*, una novela extensa sobre los republicanos españoles que combatieron a Hitler enrolados en la II División Blindada de la Francia Libre al mando del general Leclerc, un guión para el documental de *Operación Exterminio*, una continuación de esta novela centrada en los años 1948-1952 y una posible segunda parte de *Asesinato en el kremlin*… ¡Ah, y más a aventuras de Gorgonio! Eso es lo que pueden esperar. En cuanto a que pueden "desesperar"… pues cuál, qué, cómo, cuándo y dónde de todo eso, será lo próximo en salir al mercado.

■

emio Francisco García Pavón de Narrativa Policíaca

Asesinato en el Kremlin

Alejandro M. Gallo

C C C P

Posos

Por Roberto Malo

(El más y mejor cuentista de la banda)

Con manos trémulas, me bebí a pequeños sorbos el té de mezcal. El brujo tomó ceremoniosamente la taza y leyó en los posos mi destino. Como ya me temía, me informó de que tenía el gran mal, y de que en menos de un año moriría. Estoico por fuera, destrozado por dentro, encajé su vaticinio y le pagué religiosamente lo pactado.

Después decidí pedir otro té. Dadas las circunstancias, necesitaba una segunda opinión.

Entrevista con Guillermo Orsi (La ciudad propicia el género)

Por Simon Coq

Guillermo Orsi (Buenos Aires, 1946) es considerado por la crítica especializada como uno de los grandes maestros del actual género negro y en su currículo atesora innumerables premios literarios. De las obras más conocidas en España podemos citar *El vagón de los locos* (Premio Emecé, 1978), *Sueños de perro* (Premio Umbriel, 2004), *Nadie ama a un policía* (Premio Internacional Ciudad de Carmona, 2007) y *Ciudad Santa* (Premio Hammett, 2009). Es un autor belicoso con la realidad social, pero amable y sencillo con sus lectores y amigos. La reciente salida al mercado de su nueva novela, *Tripulantes de un viejo bolero* (Almuzara), nos permite una excusa perfecta —aunque hay que decir que con Guillermo nunca hemos necesitado excusas— para acercarnos al escritor y a su obra.

¿Encuentra mucha diferencia entre la novela negra latinoamericana y la europea?

Abrevan en realidades distintas. Los niveles de corrupción, violencia y marginalidad social son incomparables en la América latina, más allá de la interpretación política y sociológica que se haga del asunto. Europa ha lavado sus culpas por la devastación que sembró en siglos de dominación imperial y en las guerras que asolaron al continente y al mundo durante el siglo XX. La explosión consumista tiñó a sus sociedades de un conformismo, una autocomplacencia con sus instituciones que no se encuentra por estos parajes. Esa situación está cambiando, pero persisten focos de violencia salvaje como los de México, con miles de muertos y desaparecidos, o el más reciente de Brasil, donde una huelga policial derivó en disturbios que se cobraron por lo menos un centenar de vidas. Y está nuestra historia, la de las dictaduras genocidas, sostenidas por el poder imperial de nuestro "big brother", los Estados Unidos.

Stieg Larsson o Henning Mankell actuarían entonces como eslabones entre una novela negra latinoamericana y una europea, por sus tramas y personajes, aunque convengamos en que a un autor latinoamericano no necesita setecientas páginas para plantar un ambiente corrupto entre las filas policiales o los ambientes del poder.

¿Nunca ha sentido la tentación de crear una saga con un personaje?

La tentación es en rigor casi una exigencia de los editores, cuando un personaje les ayuda a cerrar sus ejercicios contables con cifras positivas. No me gustan las sagas, aunque sí, he caído en esa tentación con Martelli, alias "Gotán", el prota de *Nadie ama a un policía*, que está por estos días limpiando su "bufoso" porque ha decidido volver a la acción, pese a su avanzada edad. Pero confieso que no me atrae particularmente resucitar personajes y si lo hago esta vez es por pura especulación comercial: quiero hacerme rico sin esperar a mi muerte, si no con la literatura, con algo que se le parezca.

TRIPULANTES
de un **VIEJO BOLERO**

La memoria es una trampa...

GUILLERMO ORSI

Sueños de perro **fue la novela que le catapultó en los escenarios policiales españoles, ¿cómo vivió aquella experiencia?**

Con el regocijo inicial y la natural expectativa que todo premio provoca en su autor. El premio Umbriel/Semana Negra prometía mucho más de lo que luego dio. Surgieron desinteligencias entre sus promotores y se discontinuó. De lo positivo rescato la edición, los euros que, pese a los fuertes descuentos del fisco, me permitieron saldar deudas y viajar por primera vez a la Semana Negra de Gijón, y haber conocido gente que luego serían buenos amigos que conservo en España.

A propósito y como apunte al margen, hoy *Sueños de perro* puede bajarse de Internet, gratis y sin mi autorización, para satisfacción de los que luchan con tanto empeño para que los escritores regalemos los frutos de nuestro trabajo.

Nadie ama a un policía **le hizo ganar el Premio Internacional de Novela Negra Ciudad de Carmona, ¿cree aún que nadie ama a la policía?**

Sobran los motivos en la Argentina para

que persista el desencuentro entre la policía y la sociedad que debería confiar en ella. A diario estallan casos de corrupción, de connivencia explícita con el crimen, de asaltos y hasta de ejecuciones sumarias perpetradas por efectivos policiales. El poder político sigue poniendo en evidencia su impotencia para corregir esta situación. Mientras se juzga y se condena a los responsables de crímenes atroces durante la dictadura, se han ensayado decenas de reformas policiales para limpiar las instituciones, hasta ahora sin éxito. El tráfico de drogas, el íntimo ensamblaje entre prostitución y trata de personas con las fuerzas policiales que apañan estos delitos, sigue sin ser desarticulado.

Ciudad santa **ganó el Premio Hammett a la mejor novela negra del año 2009 en lengua castellana. Por ese nombre usted define a todas megalópolis, ¿se necesita una macrociudad para ambientar novela negra?**

El ambiente urbano es tan propicio al género negro como los castillos medievales con sus noches de tormenta al género de terror. No significa eso que sea indispensable ambientar una historia en las ciudades: hay crimen en los pueblos chicos, en los ambientes rurales, donde sea que la condición humana se manifieste en plenitud, por decirlo con cierto cinismo basado en la experiencia.

Cuente a los lectores de Prótesis el periplo de su última novela, *Tripulantes de un viejo bolero*.

Se trata de una reedición, ya que esa novela fue editada originalmente en Argentina en 1995. Si bien la editora actual la presenta en su colección "Tapa Negra" —necesidades comerciales, supongo—, la historia no es policial. Aunque tal vez lo sea y yo no lo haya advertido en el momento de su publicación. De hecho, hay un cadáver y una mujer misteriosa, como en los clásicos del género, y alguien que,

sin ser detective, necesita saber qué pasó y se lanza a averiguarlo. Lo hace porque "eso que pasó" está muy ligado a su historia personal y necesita desentrañarlo, conocer la verdad, mirarse a un espejo que —demasiado tarde lo descubrirá— habrá de devolverle una imagen insoportable de sí mismo. Si tuviera que definirla de algún modo siempre arbitrario, diría que es un "*thriller* sicológico", aunque esto me suena más a los argumentos de un vendedor callejero que a los de un escritor. O tal vez no haya tantas diferencias entre uno y otro y, en ocasiones, descubramos que muchas de las pasiones humanas pueden liquidarse como saldos, baratijas del mercado existencial.

Después de esta reedición ¿qué proyectos pasan por la mente de Guillermo Orsi?

Ninguno, sólo seguir, no detenerme hasta el tiro del final.

Hoy parece que los "Festivales negros" nacen como setas. ¿Demasiados quizás?

Lo mejor de los festivales es la posibilidad de reencuentro con los amigos, de conocer a otros que engrosarán la lista o se convertirán en potenciales enemigos o adversarios. Todo encuentro multitudinario tiene ese atractivo ambiguo y a la vez poderoso. A veces, además, un festival sirve para promover nuestro trabajo, aunque por lo general el periodismo está muy ocupado entrevistando a aquellos que no necesitan promoción. Hay autores que han hecho de su asistencia a festivales una especialidad, no se pierden uno, lo que nos lleva a preguntarnos cuándo escriben o si son ellos, los que firman sus obras, los que además se toman el trabajo de redactarlas.

¿Cuándo le volveremos a ver de nuevo por España?

Apenas me inviten estaré por allá. Le debo mucho a España y siempre estoy deseando volver, a pesar de que por estos días se haya ensañado con ella el capitalismo salvaje del Partido Popular. ■

Entrevista con Ernesto Mallo (Los criminales y la cultura)

Por Simon Coq

Ernesto Mallo (La Plata, 1948) es guionista, dramaturgo, periodista y novelista. Hace apenas cinco años nos sorprendió con la irrupción en el universo negro de un comisario de ficción de nombre Venancio Ismael Lascano y de apodo "el Perro", con el que ganó el Premio literario Memorial Silverio Cañada (2007) y ha sido finalista del Premio Hammett en el 2010 y del Premio Dagger a la Mejor Novela Policiaca Internacional en el 2011. Sus aventuras fueron publicadas por Planeta Argentina bajo el título de *La aguja en el pajar* y *Delincuente argentino*. Ambas han sido editadas en España por Siruela y traducidas al alemán, francés, italiano e inglés con el título de *Crimen en el Barrio del Once* y *El policía descalzo de la plaza San Martín*.

Antes de preguntarle por sus novelas y su personaje, es casi obligatorio que le interroguemos sobre un nuevo festival de novela negra que se va a organizar en Buenos Aires allá por el mes de junio y que dará el pistoletazo de salida al día siguiente de la clausura de la Feria del Libro de Madrid.

BAN! será el primer festival de novela negra de la ciudad de Buenos Aires. Usted tiene un papel destacado en su organización. ¿Nos puede adelantar algo en primicia?

BAN! (Buenos Aires Negra) es un viejo sueño de los escritores de género que ahora se cumple. Siendo una ciudad que produjo y produce tan buenos escritores de policiales, no podía estar fuera del circuito negro internacional. Además de autores de Argentina, España, México, Perú, Francia y Noruega, se convoca también a jueces, fiscales, delincuentes auténticos, policías y médicos forenses para que participen con sus conocimientos sobre el crimen real. BAN! no sólo se propone como un festival literario que promocione la creación literaria y estimule la industria editorial sino también como un incentivo a la reflexión sobre el crimen real y su relación con el de ficción.

¿Qué cree que individualiza o personaliza a su comisario Lascano "el Perro", del resto de investigadores de la serie negra?

El hecho de que no le agrada su trabajo pero se propone hacerlo de la mejor manera posible.

¿Por qué el cambio de los títulos de sus novelas en las ediciones españolas?

Títulos y portadas deben servir para que el libro se destaque y capture el ojo del lector. Es una cuestión de marketing. Esto tiene sus particularidades en cada comunidad. Creo que la gente de Siruela, sabe mucho mejor que yo qué es lo que más conviene, por lo tanto acepté las sugerencias que me hicieron con todo respeto.

Comisario Venancio Ismael Lascano, alias "el Perro", ¿larga vida?

A pesar de la mala vida que le doy, Lascano parece sobrevivir a todo.

La revista Prótesis se ha especializado en la novela negra española. ¿Qué destacaría de lo que usted conoce de los autores o títulos españoles?

Sin considerarme una opinión autorizada en novela negra española, lo que creo percibir es que viene evolucionando a un ritmo muy veloz. Creo que la crisis económica con su aluvión de ilusiones rotas y sueños vencidos y crisis sociales, contribuyen definitivamente a dotarla de una visión más seria, más profunda, más preocupada por el contenido que por cuestiones estilísticas y por la originalidad. En fin, que todo lo que es malo para la humanidad es bueno para la literatura. De los autores que he leído, destaco a Cristina Fallarás, *Las Niñas Perdidas*, la excelente *Así murió el poeta Guadalupe* o *Últimos días en el puesto del este; El verano de los juguetes muertos*, de Toni Hill; lo que se ponga a tiro de Lorenzo Silva. Vamos, que hay muchos y muy buenos.

Usted presentó sus novelas en Madrid, Barcelona y Gijón. ¿Nos podría contar qué intereses percibió en sus lectores?

Lo que interesa a todo lector, una historia bien contada, leal, sin trampa, que hable de cuestiones humanas, de hombres comunes en situaciones extremas.

De la actual novela negra argentina, ¿qué destacaría?

De Guillermo Orsi, *Segunda vida*; Argemí, lo que ponga; Leo Oyola; Reynaldo Sietecase y siguen las firmas.

¿Encuentra mucha diferencia entre la novela negra latinoamericana y la europea?

Solía haber mayor diferencia antes de la crisis económica. La novela europea estaba más preocupada por cuestiones formales, de estilo y con la originalidad. Ahora con los recortes que amenaza un estilo de vida consumidor, la veo acercarse a los temas sociales.

A usted le podríamos denominar un "escritor tardío" de novela negra, pero se ha enganchado con mucha fuerza. ¿Qué le sedujo del género?

En realidad soy un escritor que llegó tarde a la novela, pues antes escribía para el teatro. Creo como dice Francois Gueriff, mi editor en Francia, que el género policial es uno de los más aptos para dar cuenta de la situación de la sociedad. Cada comunidad produce determinados tipos de criminales que tienen que ver con su cultura y su idiosincrasia.

Usted ha cultivado el periodismo, el teatro, el género histórico, el policíaco... ¿En qué sitio se siente más a gusto?

Creo que sólo hay tres géneros de literatura: la buena, la mediocre y la mala. La segunda es la más dañina y por lo general la que más libros vende. Yo me siento a gusto cuando tengo una buena historia para contar.

Buenos Aires: ¿qué le seduce de ella como escenario?

Buenos Aires es una ciudad mágica, muy amigable, y también violenta. Los porteños son maestros de la ironía, eso le da un sabor único.

En su gira europea, ¿qué le llamó la atención?

España ya es mi segundo hogar, nada me llama la atención especialmente, pero disfruto enormemente de los amigos que tengo allí. De Alemania me llamó la atención el inmenso amor que tienen por los libros y la facilidad para divertirse y pasarlo bien. De Francia, la antipatía de los parisinos y la hospitalidad de los que no viven allí.

¿Es la transición argentina la mejor época para las tramas negras?

Los periodos de transición, dondequiera que sucedan, son muy buenos momentos literarios. Pero no sabría decir si el mejor.

No quisiera que dejásemos pasar su excelente novela *El Relicario*, publicada en Argentina pero inédita en las librerías españolas.

Hasta ahora *El Relicario* no fue contratada para España. No es una novela policial sino histórica. Benvenuto Cellini ha fabricado un relicario para obsequiarle al Papa Clemente VII en agradecimiento por haberlo librado de la cárcel. Ese objeto luego es robado por Pedro de Mendoza, capitán del ejército del Sacro Imperio durante el saqueo de Roma. Mendoza vuelve a España riquísimo y con sífilis. Alguien le dice que en las Indias hay una planta que cura el mal. Así organiza la enorme expedición que funda Buenos Aires. El Relicario va pasando de mano en mano, robado, vendido, traficado y le da la vuelta al mundo durante 300 años. Está en la Revolución Industrial inglesa, el día de la toma de la Bastilla en París, en la invasión napoleónica a España, en las Invasiones inglesas a Buenos Aires, en las guerras de la Independencia de Argentina y culmina con el fusilamiento de Liniers a manos de los revolucionarios de mayo. *El Relicario* habla de los olvidados por la historia oficial: los esclavos, los aborígenes, y los negocios, traiciones, robos y avasallamientos de los próceres.

¿Cuándo le volveremos a ver por España?

Para noviembre, cuando salga *Los hombres te han hecho mal*, la nueva de Lascano también será publicada por Siruela. ∎

Casting

Por Roberto Malo
(El más y mejor cuentista de la banda)

—¿Cómo? ¿Que no viene al casting? Pues da igual, es su día de suerte. Ha nacido para ser modelo, se lo digo yo, que entiendo un rato. Es perfecta: pómulos angulosos, mirada profunda, una extrema y deliciosa delgadez... No como las chicas que han pasado antes, por cierto, unas ilusas llenas de curvas: ¡con tetas, con culo...! ¡Por Dios, lo que hay que ver...! Además, le vendrá muy bien entrar en el mundo de la moda, pues la ropa que lleva, y perdone que se lo diga, está un poco pasadita... Y oiga, ¿para qué lleva esa guadaña?

Entrevista con Belén Gopegui (Quién no hizo lo que debía...)

Por Luis de Luis

Entre los libros destacados publicados en 2011 se encuentra *Acceso no autorizado* de Belén Gopegui. No es habitual en las "cosechas negras" que un autora de tan reconocido prestigio se acerque al género negro o policial. Intrigados, la redacción de Prótesis indaga.

¿Cuál es tu relación con el género policial como lectora? ¿Que novelas y/o autores son tus preferidas? ¿Y por qué?

Eric Ambler, Le Carré y Graham Greene, aunque no son estrictamente policiales, en sus novelas la literatura es a la vez escapatoria y avance, puede que en realidad una novela sea eso: huir persiguiendo.

Anteriormente, con *El lado frío de la almohada* ya habíais publicado literatura de género, en este caso de espionaje.

El mayor peso de esa novela está en las cartas, la trama de espías es el lugar donde amparar las cartas, de manera que no la considero una novela de espionaje sino con espionaje que, en el fondo como la mayoría de mis novelas, trata de la doble vida.

¿Qué te decidió a utilizar los mecanismos de la novela policial para tu última novela?

La novela policial se trama a partir de un "quién lo hizo". *Acceso* más bien trata de un «quién no hizo lo que debía hacer». Supongo que los contrarios se juntan.

¿*Acceso no autorizado* es un *thriller*?

Es posible que en algunas zonas de sombra entre lo hacker y el lumpen se haya colado atmósfera de *thriller*, también hay en el abogado rasgos de personajes de novela negra, pero la mayor diferencia está, a mi modo de ver, en que ni la novela gira alrededor de un crimen, ni por tanto la trama responde a un ¿quién lo hizo?. Tampoco se trata de descubrir ningún enigma o misterio.

¿Estás satisfecha de la acogida recibida por la novela? ¿Consideras, en su caso, que su identificación como ficción policial le ha favorecido o perjudicado?

Creo que esta novela me ha permitido ampliar el espacio de recepción. No me parece que se haya identificado con una ficción policial, es una novela sobre el poder y si alguna identificación excesiva ha podido producirse es en esa dirección.

Ha habido críticas muy beligerantes, pero de eso se trata también, de no escribir para obtener la aprobación de quienes defienden lo que combatimos, en ese sentido se expresaba el escritor Erich Hackl quien, hablándome de *Acceso*, decía: «Tiene toda su lógica que a Jordi Gracia (el crítico de El País) le haya molestado tanto: porque la novela trata también de él, o de personas como él. Pero al mismo tiempo, pasa de él, de ellas».

Los lectores de la literatura de género son, a veces, tan exclusivos como excluyentes y rechazan, en principio, por in-

Foto: María Teresa Slanzi

trusistas y advenedizos a los escritores no habituales del género ¿Has tenido esa percepción?

He estado en dos foros de novela negra, en Getafe Negro, donde Lorenzo Silva me hizo una entrevista en público y sus preguntas y comentarios me parecieron muy pertinentes, a veces reparaba en esos pequeños detalles que lanzas cuando escribes pensando en que te gustaría que alguien los viera, fue una experiencia de la que conservo buen recuerdo y gratitud; no sólo él, también el público se mostró hospitalario e interesado en el texto. El otro foro fue un club de lectura de novela negra, algunas de las personas allí presentes sentían nostalgia de una trama en torno a un asesinato, pero al mismo tiempo apreciaban otros registros de la novela, de manera que no, no he percibido rechazo alguno por parte de ese mundo.

¿Cómo explicarías el actual auge de la novela policíaca?

Dice Roberto Enríquez: «Yo antes leía para no estar solo y ahora leo para estar en silencio».

Los malos tiempos nos hacen necesitar ese silencio, hay quien lo llama evasión, pero la evasión es distinta, la evasión se parece más a las fantasías que impiden avanzar. El silencio es tregua, detenimiento. En la novela policíaca la necesidad de averiguar qué pasó permite no pensar en el oscuro mundo de afuera, sino en ese oscuro mundo de adentro que es imaginario. Creo que hay algo de eso. Un síntoma, y acaso una sensación creciente de persecución. ■

El blog asesino

Por Roberto Malo

(El más y mejor cuentista de la banda)

En el sueño estoy navegando por Internet. Navegando, navegando, acabo metiéndome en "El Blog Asesino", un curioso y malsano blog que, según anuncia con letras góticas negras (y llenas de faltas de ortografía, por cierto), provoca la muerte instantánea a todo aquel incauto que se interna en su entramado. Sus amenazas me resultan ridículas, por supuesto, pero de pronto siento abrumadoramente que se me para el corazón. Mi vista se nubla en cuestión de un segundo y me derrumbo como un fardo y sin poder evitarlo sobre el teclado. Entonces me despierto de golpe, gracias a Dios, sintiendo un nudo de terror en el estómago. Tomo aire, salgo de la cama empapado en sudor, me conecto a Internet y busco frenéticamente si existe semejante blog (soy así, me pierde la curiosidad).

Recomiéndanos una novela negra

Hablan los protagonistas

Marta Sanz

Mr. Marcel, el de las pompas fúnebres,
de Pierre Very

Siempre que me piden que recomiende una novela negra, me acuerdo de esos autores favoritos que son los de casi todo el mundo: Hammett, Chandler, Simenon, Patricia Highsmith. El género negro que a mí me gusta excede los límites de las tramas misteriosas, los detectives perdedores y las exuberantes fatales: el negro es una mancha que se extiende sobre una realidad que, a la vez, rezuma aceitosa tinta negra. La realidad exuda negro; se escribe en negro. Luego, cada quien le devuelve su correspondiente cuota de mal al mundo. Patricia Highsmith escribió un libro que se te mete en el ojo como una mota de carbonilla que puede llegar a provocar una úlcera: los cuentos de *Crímenes bestiales*.

Pero hoy no quiero hablar —mentira— de esos escritores y rebusco en mis estanterías. Justo delante de *Escupiré sobre vuestra tumba* de Boris Vian —no es moco de pavo Vernon Sullivan—, encuentro **Mr. Marcel, el de las pompas fúnebres** de Pierre Very. Compré la baratísima edición que conservo en la feria del libro antiguo de Madrid. Es de 1958 de la editorial G.P. La portada es un dibujo de una chica de ojos azules que se muerde la mano porque acaba de ver algo espantoso. La contra es un retrato de Very, que tiene pinta de gánster o boxeador retirado. Al leer la contra, descubrimos que Very fue ciclista, digno sucesor de Simenon y autor de *El asesinato de Papa Noel*. Al margen del valor de la edición como fetiche, el texto de Very tiene algunos puntos muy fuertes. El abogado Próspero Lepicq es un modelo de investigador que busca el dinero con cierta

desvergüenza en un mundo que comprende y que, como a Maigret, le mueve a compasión. Pero Lepicq no pierde su alegría de vivir. Lepicq es casi gramsciano: pesimista en el pensamiento y optimista en la acción. También es admirable la capacidad de Very para pintar interiores opresivos, así como su sistema de documentación naturalista sobre el negocio de las pompas fúnebres. El humor negro es impagable. La lucidez del autor se revela, sobre todo, en la construcción de una trama pasional tan ridícula que resulta real como la vida misma. A veces la verosimilitud de una novela reside en arriesgadas decisiones que contradicen ciertos preceptos: el de que la realidad supera la ficción y el de que hay cosas que suceden en el espacio de lo real que no pueden trasladarse a un texto literario porque resultarían increíbles. Very es muy bueno porque nos abre los ojos al mundo y nos entretiene, pero también porque nos ayuda a pensar en la literatura desde otro lugar.

Óscar Urra

La niña que hacía llorar a la gente, de
Carlos Pérez Merinero

No le hacen falta muchos elementos (unos desventurados niños, varios perros olvidados, algún improvisado objeto cortante y dos personajes principales; la primera voz narrativa que dice, que escribe, que cuenta a otra segunda persona su terrible historia común), a Carlos Pérez Merinero (Écija, 1950), para crear un oscuro paisaje de almas tristes, desterradas del día y de la noche, redimidas, más que por el crimen, por la violencia esencial y solitaria, como esencial y solitaria es la escritura de un autor (y guionista, y director de cine, por añadidura) que, con *La niña que hacía llorar a la gente* (Madrid, El Garaje Ediciones, 2011), culmina una de las más largas e interesantes trayectorias de la ficción criminal en español.

Quien haya seguido esta trayectoria ya sabe lo que Merinero es, y lo que le espera: una prosa sustantiva, personal, es decir, una forma de contar merineriana, un arte de decir la historia que recuerda para el que aún no lo sepa (para el que no se haya enterado todavía: usted, lector de esta reseña; o tú, compadre, que esto lees: por si no te has enterado todavía) que lo que cuenta en literatura, sea negra, blanca, rosa o marron-glacé, en soporte papel o digital, leída en el metro o en el sofá con la pipa entre los dientes, es el propio estilo personal ultimado, labrado en el manejo del lenguaje que se ajusta como la piel a la carne al relato que a uno le ha dado la gana de contar, de decir, de escribir.

Y quien narra (como maestro: poniéndose el mundo por montera), mata y muere (y no necesariamente en ese orden) en *La niña que hacía llorar a la gente* es un desdichado que sabe que sólo vivirá el tiempo que tarde en contar su historia: pero es también un escritor que elige contarla a cambio de nada, sólo por el placer de sortear las amorales leyes del lenguaje, tan ilusorio y tramposo como la realidad misma. Quien conozca la obra de Merinero sabe de esta amoralidad,

esa discreta, casi pudorosa marginalidad de los personajes-asesinos: amoralidad necesaria para liberarles de la adocenada y mortecina servidumbre social; amoralidad que propicia esa oscura densidad narrativa tan merineriana, que hace que la niña del título, además de "hacer llorar", haga temblar también al lector más pintado, que corre el riesgo de quedarse, para siempre, con la pipa entre los dientes.

Post scriptum

Carlos Pérez Merinero falleció en enero de este año, poco después de la redacción de este texto. Con ello, otra vez como la niña del título, hizo llorar a la gente, a su gente. Como no tenía blog, ni acudía a saraos literarios, ni alardeaba de nada, no se hablaba de él: con todo, su obra fue conocida, y, a ratos, reconocida. No era, pues, un maestrillo haciendo ruido con su librillo: era un Maestro de verdad sorteando las calladas suertes literarias. Merinero es de los tres o cuatro autores que quedarán del confuso y prolífico pastizal de la novela negra española.

Merinero fue del Betis, muy torero, y el último de nuestros escritores malditos.

Luis Alberto de Cuenca

The Big Sleep, de Raymond Chandler

He leído muchas novelas negras en mi vida. Pero si tuviera que elegir una, sólo una, de ese interminable acervo —que espero siga aumentando durante muchos años, porque es un género que se ha quedado a vivir en lo más profundo de mis entretelas—, elegiría **The Big Sleep** (1939), de Raymond Chandler. Creo que se tradujo por primera vez al castellano en Argentina después de la Segunda Guerra Mundial. Yo la leí a los quince o dieciséis años (circa 1966 o 1967) en una traducción española de Juan G. de Luaces aparecida en la colección Paladios de la editorial barcelonesa Mateu allá por los últimos años cuarenta del siglo pasado (y no preciso fecha exacta de edición, aunque tengo el libro a la vista, porque no consta fecha en el libro). Luaces la tituló en nuestra lengua *Una mujer en la sombra*. Conservo la edición con su camisa original, en la que aparece una dama generosamente descotada —o sea, la protagonista, Vivian Sternwood, encarnada por Lauren Bacall en la película de Hawks— depositando un montón de fichas en una mesa de ruleta,

bajo la atenta mirada de Philip Marlowe y de un croupier. La novela me dejó literalmente patidifuso. Era como si Shakespeare hubiese escrito una novela negra, y a mí Shakespeare me ha parecido siempre el súmmum de la literatura universal. Y no exagero, porque Chandler es el novelista yanqui más shakespeareano que ha existido nunca, y su detective más genial, Philip Marlowe, tiene en su manera de hablar, de obrar y de moverse por la acción de las novelas que protagoniza, algo de personaje de Shakespeare, e incluso un apellido que evoca el de otro de los grandes dramaturgos de la época isabelina, aquel que murió en una reyerta tabernaria en plena juventud. Inmerso en un mundo corrupto que sólo se mueve al compás que marca el dinero y los intereses creados, Marlowe hace su triunfal aparición en la literatura contemporánea en *The Big Sleep*. Luego vendrían otras novelas, igualmente maravillosas, protagonizadas por él, como *El largo adiós* (de la que existe en Cátedra una edición ejemplar, con espléndido estudio introductorio de mi amigo Alfredo Arias), pero hoy me quedo con la inaugural, con *El sueño eterno*, que para mí se rotuló *Una mujer en la sombra* durante muchos años gracias a la edición de Mateu.

Cristina Fallarás

1280 almas, de Jim Thompson

Una se puede convertir en lector de novelas negras por muchas razones. Quizás la más determinante es la que se sitúa en la etapa de ingenua visita, cuando tropiezas con una de esas piezas singulares, distintas a todas, que te sacan de la modorra y te dejan queriendo más, que te borran de la cara la inocencia y ya no puedes parar.

Eso sucede, inevitablemente, con *1280 almas*, de Jim Thompson. No vale la pena reseñar la vida de este escritor de *pulp* que, tardíamente, fue reconocido como un grande por Francia, primero, y luego por Europa. EEUU, su país, es posible que aún no se haya enterado. ¿Por qué conmueve *1280 almas*? ¿Por qué coloca el medidor de calidad del lector en un tope que pocos libros luego podrán superar?

Arriesgo aquí algunas razones, todas personales.

La primera es que Jim Thompson en esta novela se pasa por el forro la idea explícita o implícita de que todo va mejor si el lector puede identificarse, por el lado bueno, heroico, con el protagonista. El comisario que protagoniza esta novela comienza mal y acaba peor. Comienza como un imbécil, es decir, como un lerdo que se deja manipular y humillar por cualquiera. Y termina con el tipo pirado hacia una identificación entre Dios y su Yo que suprime toda mala conciencia a la hora de matar a todos los que le molestan. O sea, a casi todos.

Hay que ser un lector extremo para identificarse con este protagonista que, como un espejo negro, nos devuelve lo peor de nosotros mismos. Lo peor que conocemos, lo que es más angustiante, lo peor que intuimos y no queremos ver.

Otra diferencia de esta novela de Thompson con casi todas las policiales, amarillas o negras, es el escenario. Ni callejones del Bronx, ni espesura de humos y alcoholes en salones para hampones con mucha pasta, ni tugurios para pobres y gente que viene de vuelta. En *1280 almas* reina el sol. El sol y el calor. Un calor que, como en los universos sureños de Erskine Caldwell o William Faulkner, pone a hervir lo peor de cada uno en el caldero del diablo.

Creo que esta novela Thompson se olvidó de las necesidades, las supuestas necesidades, de su lector de aventuras en papel barato amarillento, para escribir la historia que le bullía en las entrañas y, por una vez, decir lo suyo: gritar su horror ante lo humano.

Por eso, y creo que no es necesario añadir más, desde las primeras líneas nos dice, en voz muy baja, que en esta historia, todos, lectores incluidos, nos sabemos unos hijos de puta. Esta historia, con apenas 1280 almas, no tiene retorno.

Flexibook, 20 x 26 cm
288 páginas
Ilustrado a todo color
PVP: 35 euros

SUPERHÉROES
DEL CÓMIC AL CINE

UN LIBRO DE
TONIO L. ALARCÓN

Ya en la época de los seriales, la industria cinematográfica *hollywoodiense* se fijó en los cómics de superhéroes como fuente de inspiración, por su lenguaje visual y su estructura episódica. Desde entonces, la relación entre cine y superhéroes ha sido fructífera aunque un tanto irregular, hasta que los éxitos consecutivos de *El cuervo, Blade* y, sobre todo, *X-Men*, hicieron ver a las majors estadounidenses que las adaptaciones de ficciones superheroicas podían resultar un negocio rentable. En la actualidad el cine de superhéroes representa un auténtico *boom* en la industria, con multitud de recientes adaptaciones, éxitos de taquilla y numerosos proyectos en marcha.

Este libro, profusamente ilustrado, ofrece un completo repaso a las adaptaciones cinematográficas de los superhéroes más famosos de las dos grandes editoriales del género, Marvel y DC Comics, pero también se ocupa de los personajes surgidos de compañías independientes, así como a los creados directamente para el cine. Sin olvidar sus respectivas apariciones televisivas, tanto en ficciones de imagen real como en producciones animadas.

Pero, sobre todo, pretende paliar el descuido con el que acostumbran a tratarse las adaptaciones de cómics de superhéroes en la crítica y el comentario cinematográfico, ignorando la tradición que cada personaje hereda de sus colecciones propias, y obviando hasta qué punto la película respeta o no la esencia de su protagonista. Así, la intención de estas páginas es la de relacionar los diferentes cómics con su correspondiente adaptación cinematográfica, además de analizar por qué avatares de la producción nos ha llegado esa versión en concreto y no otra.

La Malasaña de Juan Madrid

Por Luis Gállego. Fotos: Manuel Rodríguez

Este artículo es una versión reducida de una conferencia dada en diciembre de 2010 en la librería Traficantes de Sueños en el marco de los Sábados Negros de Madrid.

En estas páginas se nos invita a dar un paseo por la Malasaña literaria, la que plasma Juan Madrid en sus novelas negras.

El presente artículo pretende analizar la geografía urbana que aparece en las obras de Juan Madrid de la saga protagonizada por Toni Romano.

La serie a la que me voy a referir está compuesta hasta el momento por ocho novelas. El hilo conductor de todas ellas es la presencia de Antonio Carpintero, al que todos conocen por su apodo de boxeador, Toni Romano, que se marchó a los dieciocho años de casa para alistarse a los paracaidistas tras un grave enfrentamiento con su padre. Fue púgil profesional ganando un campeonato militar en 1966 y fracasando en el resto de su corta carrera hasta que colgó los guantes definitivamente en el 77. También estuvo diez años en la policía, tras los que abandonó el Cuerpo asqueado por la corrupción y la traición de los que consideraba sus amigos. Y desde entonces malvive dando tumbos como cobrador de morosos, vigilante de garitos, etc. Se trata de un personaje característico del género negro: es un solitario, sin éxito profesional ni económico, le va mal con las mujeres y se pasa mucho tiempo en las calles y los bares. El propio autor lo define así

en una de las últimas novelas: «un ex policía honrado con un pasado duro y difícil. Una especie de Don Quijote que va haciendo el bien en esta jodida ciudad»[1].

La decisión de elegir como tema la visión de Madrid que aparece en estas novelas es debida a que uno de los rasgos distintivos y de los grandes aciertos de este escritor es precisamente su capacidad para reflejar los ambientes y personajes de la capital; para crear un fresco de las miserias de la ciudad. Como afirman Merinero y Panadero, «pero si por algo destaca, es por la precisa recreación de ambientes, por la habilidad para captar, como si lo hiciera con una instantánea, la vida en las calles de Madrid. Las recorre invitándonos a un paseo sentimental, con una capacidad para centrarse en los detalles que bien podríamos calificar de galdosiana[2]». Habilidad que también ha sido subrayada por la

1 *Adiós princesa.* Juan Madrid. Planeta. (Pag 351)

2 "Madrid, ciudad no conquistada". Carlos Pérez Merinero y David G. Panadero, capítulo de *Actas del mayo negro. 13 miradas al género criminal.* Mariano Sánchez Soler (ed.). Editorial Club Universitario. (Pag 123)

mayoría de los estudiosos de la novela negra española como Colmeiro, Valles Calatrava o Vázquez de Parga.

Antes de empezar y para evitar malentendidos quiero dejar muy claro que el acercamiento de Toni Romano a los establecimientos de comida y bebida que frecuenta no es el de un *gourmet* que busca lo exquisito o lo exótico como sucede con otros protagonistas de la novela negra como Pepe Carvalho de Vázquez Montalbán, el Nero Wolf de Rex Stout o el comisario Montalbano de Camilleri.

En vez de eso, la relación de Carpintero con los lugares en los que come y bebe es la de alguien que vive, trabaja y, por tanto, también come en la calle. De ahí que busque sitios baratos con buen ambiente y que se encuentren dentro de su radio de acción. En estas novelas nunca vamos a encontrar a Toni Romano entrando en un restaurante con estrellas ni viajando al otro extremo de la ciudad para probar una determinada delicatesen.

De hecho en *Adiós princesa* define lo que podría considerarse su ideal culinario que es

encontrar sitios donde se coma bien por menos de mil pesetas[3].

El hecho de ser un comedor callejero, si se me permite que utilice esta expresión, es uno de los muchos puntos en común que tiene el personaje con Juan Madrid que, en muchas ocasiones, ha presumido de que fue un niño de la calle y que ahora es un viejo de la calle. Y, desde el punto de vista narrativo, la experiencia del personaje-autor provoca que los sitios citados aparezcan con su nombre y dirección y, además, a menudo se añadan detalles acerca de sus dueños y de la historia de los locales; detalles que demuestran que lo que se cuenta se basa en la experiencia directa y en una asistencia frecuente.

Por otra parte, Juan Madrid en su descripción de la ciudad no sólo alude a restaurantes y bares, sino que también habla del Madrid oculto y más sórdido de saunas de homosexuales, timbas clandestinas, sexshops, locutorios trucados y los burdeles más tirados. En estas obras se descubre ese submundo que convive en los mismos sitios pero en distin-

3   *Adiós, princesa.* Juan Madrid. Ediciones B. (Pag 245)

tos horarios con el que habitan los oficinistas y los funcionarios que cada día cumplen sus rutinas laborales sin saber que al llegar la noche, y quizás más cerca de lo que pueden imaginar, unos seres oscuros se dedican al vicio, los delitos y los placeres ocultos.

Es importante matizar que la decisión de reflejar estas personas y estos ambientes no es debida a una búsqueda del morbo fácil o de un costumbrismo oscuro a lo Gutiérrez Solana, sino que obedece a un compromiso ideológico. En efecto, Juan Madrid ha manifestado muy a menudo, tanto en entrevistas como en sus propias obras, su propósito de hacer hablar a aquellos individuos y colectivos que habitualmente son excluidos del discurso de la historia, de los políticos y de los medios de comunicación. De esta forma en sus novelas, se presta voz a las personas que por su pobreza y su falta de estudios no pueden verbalizar culturalmente su situación y sus demandas. Esta postura está expresada claramente en *Adiós, princesa* de una manera que se convierte en una declaración de principios al afirmar que: «Escribo sobre las pobres gentes, Toni —solía decirme—, so-

bre los que nunca salen en la literatura, excepto como comparsas». Ésa era una de sus frases favoritas. Pero me acordaba de otras: «Para mí la literatura no es sólo un juego de lenguaje, sino una disciplina consagrada a indagar sobre la naturaleza humana y el mundo. En una época en la que los periódicos mienten, al igual que los historiadores, la literatura debe evitar el discurso único. Eso es lo que yo intento hacer[4]». Este planteamiento le entronca con la mejor tradición del género negro con su denuncia de las injusticias sociales y de la corrupción intrínseca del sistema. Planteamiento del mundo y de la literatura que el autor considerado ha reiterado por activa y por pasiva afirmando que la función de la novela negra en nuestro tiempo consiste en denunciar las injusticias y las contradicciones sociales como hizo la literatura realista de Dickens en el siglo XVIII y los medios de comunicación en el XIX y parte del XX, antes de convertirse en voceros y defensores de los intereses de determinados grupos empresariales.

---

4 *Adiós princesa*. Juan Madrid. Planeta. (Pag 89)

Como parece obvio, en los casi treinta años que han transcurrido desde que se publicó la primera novela en 1980 hasta que llega a las librerías la última en 2009, las zonas por las que se ha ido moviendo Toni Romano han ido variando. En gran medida este cambio se ha debido a que la que ha sufrido transformaciones ha sido la propia ciudad haciéndose más grande, por una parte, y, por otra porque se han ido abriendo y cerrando establecimientos.

Por ello, en una primera etapa, que incluye aproximadamente las tres primeras novelas, el territorio por el que se movía y cazaba Antonio Carpintero se centra en torno a Callao y la Gran Vía. En esa época se dejaba ver por las salas de fiesta de la Gran Vía como Montmatre, Fuyma, el cabaret J'Hay que luego se convirtió en la discoteca Garden o la famosa Pasapoga. O se desplazaba a la cercana calle de Leganitos, que empieza en la Plaza de Santo Domingo y que desciende paralela a la Gran Vía para acabar en la Plaza de España y que, según las propias palabras del personaje, en aquellos tiempos «era la calle de los clubes finos y los cabarés: el

Riverside, el Señorial, el Alexandra[5]».

Posteriormente, Romano ampliará su radio de acción y se centrará en el barrio de Malasaña o Maravillas, que es el espacio literario con que se identifica la obra de Juan Madrid no sólo de esta serie, sino también en novelas como *Días contados* o recopilaciones de cuentos como *Crónica del Madrid oscuro*. A través de sus páginas, nos mostrará la evolución de esta zona con un detalle que permite hacer quizás no una historia de esas calles pero sí una sociología de sus bajos fondos y sus ambientes nocturnos. En ese sentido, por poner un ejemplo, en el 2009, el autor se queja de que la bohemia ha desaparecido de esta parte de la capital, tanto la de la tan cacareada Movida como otra más canallesca y antigua. Hecho que ya pronosticaba en *Días contados* en 1993, título que alude no sólo a los personajes marginales que en ella aparecen y desaparecen, sino también al propio barrio de Malasaña. Y se apuntan dos razones para explicar este cambio: la primera es que la zona ha

5 *Adiós, princesa*. Juan Madrid. Ediciones B. (Pag 379)

sido remozada y rehabilitada en una operación urbanística que pretendía aumentar el precio de los alquileres y la venta de los pisos y llenarlo de boutiques finas, restaurantes posmodernos, empresas de diseño y negocios de ese tipo. Por otra parte, existe un motivo generacional pues muchos de los que formaron parte de aquella bohemia, según Juan Madrid, han ido cayendo por la cirrosis, las sobredosis, las enfermedades de transmisión sexual y otros efectos secundarios de la mala vida[6].

A continuación me gustaría abordar los dos posibles motivos por los cuales Juan Madrid eligió esta zona como escenario de su ficción. Uno de ellos lo confiesa en la primera novela, Un beso de amigo, cuando dice que Malasaña "tiene además la mayor concentración de bares y lugares nocturnos de Madrid"[7].

La otra motivación deriva de la cercanía del barrio de Maravillas del lugar donde han residido durante mucho tiempo tanto Toni Romano como su creador Juan Madrid. En concreto se fija el domicilio de ambos en el cuarto piso del número seis de la calle Esparteros. Calle que empieza en Mayor y llega hasta Atocha.

Esta coincidencia de la residencia real del autor y la novelada del personaje contribuye a confirmar el componente autobiográfico de esta geografía como ya he comentado al referirme a la experiencia directa y reiterada del escritor sobre los restaurantes y locales nocturnos que menciona. Está claro que la dirección de Esparteros 6, no ha alcanzado la difusión universal de Baker Street 221B, el número inexistente donde vivían Holmes y Watson, pero es muy bien conocida por los lectores de las aventuras de Toni Romano. Y es que, en todas y cada una de las novelas de la serie, se hace referencia esta casa e, incluso, en Adiós princesa aparece residiendo en ella Juan Delforo, el alter ego de Juan Madrid, cuya presencia sirve para estrechar aún más el lazo existente entre el escritor y sus criaturas, sus calles y sus garitos. Por ironías de la vida actualmente en el portal han instalado una cámara de videovigilancia como si el Estado se hubiera dado cuenta de la peligrosidad de Romano y, la mucho mayor todavía, de Juan Madrid.

No pudiendo por razones de espacio incluir en este artículo la descripción y los ejemplos concretos de los lugares que se mencionan en estas novelas sólo me queda invitar al lector a adentrarse en estos libros para descubrir bares tradicionales como Casa Camacho o Bodegas Rivas, casas de comida como La Sanabresa o, incluso, hasta clubs de alterne como Only You. Viaje que incluirá, sin lugar a dudas, muchos buenos motivos para perderse. ■

---

6   Bares nocturnos. Juan Madrid. Planeta. (Pag 215)

7   Un beso de amigo. Juan Madrid. Jucar. (Pag 73)

Sobre "La funcionaria asesina", de Alaska y Dinarama

Por Olloqui / EL COWBOY JAPONÉS

Olloqui lleva muchos años vinculado a la cultura popular, y vive en el extrarradio madrileño. Es amante del cómic y el cine de marcianos. Ha tocado en varios grupos pop, como Bishop, III Planet, Criaturas Celestiales o Moscú. Ahora, junto con Carol Spengler, Sergio Igor y Javi Olloqui, hace lo propio en nO! Llegó a la literatura por casualidad, cuando decidió escribir sus memorias. «Vivo en Móstoles y eso explica gran parte de mis fracasos». Así empezaba el manuscrito que nunca acabó. La insistencia de sus amigos de Prótesis le ha llevado a escribir esta columna de opinión, El cowboy japonés, en la que traza un fresco de la realidad en las ciudades dormitorio, siempre con Móstoles como tema central, y sus canciones favoritas como principal herramienta crítica. En la actualidad trabaja como productor musical en su estudio de grabación: La Pulga Eléctrica. En estas páginas reflexiona sobre el crimen en España y saca a colación figuras como la de Alaska.

Recomiendo a todos los amables lectores de esta sección que posean temperamento arrojado y aventurero que acudan al restaurante chino de Martínez de la Riva y vivan la increíble experiencia de pedir sopa agripicante. Es lo más parecido a beber Vicks Vaporub que puede haber. Una cucharada de ese mejunje, e inmediatamente se despe-

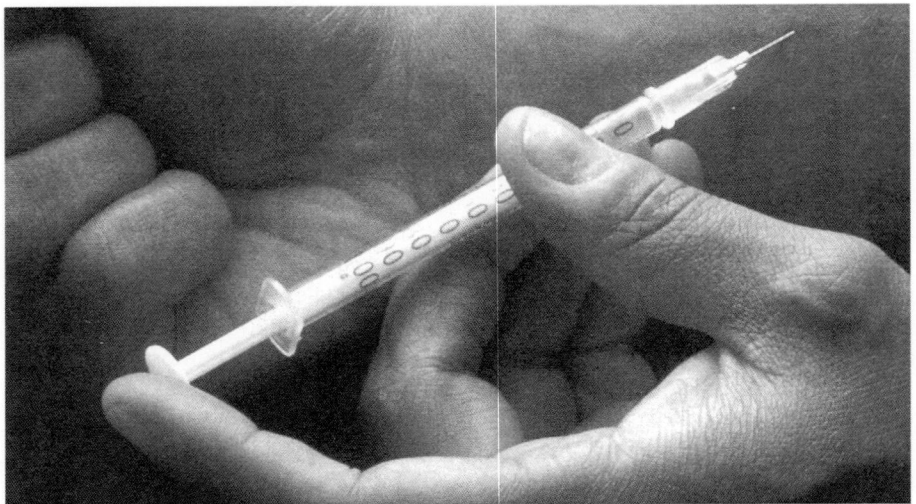

La heroína arrasó Móstoles

jan las vías respiratorias, los ojos se vuelven del revés, y el cerebro se apretuja contra las paredes de contención craneal. Estaba intentándome terminar (no sin dificultad, como imaginarán) mi sopa agripicante, en una de las "comidas de chino" que llevo a cabo junto con David G. Panadero, editor de esta simpática publicación, cuando mi contertulio me espetó:

—Chatín, vete preparando un "Cowboy Japonés" para el próximo **Prótesis**. El tema es "El crimen en España" —estas últimas palabras las pronunció regodeándose, como si el simple enunciado fuera ambrosia en su boca. David debió confundir los estertores que me provocaba la ingesta de aquel indescriptible brebaje, con alguna duda acerca del tema que me proponía. Y la verdad es que la única duda que me rondaba es si sería capaz de sobrevivir para poder escribirlo. El caso es que me soltó:

—¿Qué pasa? ¿Qué en Móstoles no habéis tenido delincuentes famosos o qué?

Y la verdad es que, delincuentes famosos, lo que se dice delincuentes famosos, no hemos tenido. Eso sí, a manguis de medio pelo no nos ganaba nadie. Lo cierto es que el suburbial Móstoles de mi infancia podría haber sido el perfecto marco para rodar alguna de

las andanzas cinematográficas del Torete, el Vaquilla o cualquiera de sus coetáneos.

En los últimos setenta y primeros ochenta, la heroína arrasó en Móstoles, imagino que igual que en cualquier ciudad dormitorio o barrio periférico del resto de España. No exagero si digo que casi la mitad de las personas que fueron mis compañeros de colegio, o bien están ya muertos, o bien deambulan sin dientes por alguna plaza, con una lata de medio litro de cerveza a punto de caérseles de las manos. Hoy en día, el tema toxicómano esta mas segmentado: por un lado hay porretas, por otro faroleros, por otro pastilleros de fin de semana, que de vez en cuando hacen una incursión en el *speed* o la farlopa, y luego los heroinómanos. El que se fuma un porro, solo se ha fumado un porro y ya está, no tiene por qué acabar poniéndose de farlopa, por ejemplo. Cuando yo era canijo, esto no era así. Uno empezaba fumando porros y acababa muriéndose en un vertedero con una jeringuilla mugrienta en el brazo. Causa, efecto. Si entrabas, no salías. Esto era así. Y si no era así, el subconsciente popular, el desconocimiento generalizado, la exagerada percepción de peligro y la estigmatización social hacia que fuera así. De manera que si tu padre te pillaba con trece años echándote un piti en el parque con los amiguetes, lo normal es que te diera más hostias que un aro cuesta arriba y te secuestrara tres meses en casa, porque él ya te veía enganchado a la drogaina.

La delincuencia, pues, era algo con lo que convivíamos a diario, y era normal, por ejemplo, jugar en el descampado con el Geyperman, apartando jeringuillas usadas de una patada, o encontrarte al Cojo (el camello oficial de mi barrio) con su menudeo en la parte de atrás del colegio. Ojo, eso no significaba que fuéramos impermeables a lo que ocurría a nuestro alrededor. Los sufridos habitantes del extrarradio que tuvimos la oportunidad de padecer nuestra adolescencia en los ochenta, tuvimos que conocer a unos temibles personajes: los Pidepelas. Una tarea, en principio tan sencilla, como ir al cine un domingo por la tarde, se podía convertir en una titánica tarea. Los Pidepelas merodeaban los alrededores del cine, en busca de incautos y bisoños gaznápiros adolescentes. Si uno te divisaba, estabas perdido. Rápidamente se interponía en tu camino, y profería su mantra de guerra:

—Chavalote, dame una librilla, ¿no?

Acompañando estas inquietantes palabras con la exhibición de una navaja o una jeringuilla usada, aunque su verdadera arma era el miedo que provocaban en la incauta chavalería. Jamás escuché el caso de nadie que fuera pinchado por un yonki en Móstoles. Lo máximo que te podía pasar si te negabas a darles el dinero era llevarte un par de soplamocos a rodabrazo en la cara, y poco más. El caso es que, como decía antes, llegar al cine con la escasa paga intacta, y poder adquirir tu entrada sin problemas, se convertía en un episodio infinitamente más emocionante que la película que veías luego. De hecho, la película tenía que ser la hostia, porque si no,

después de lo que habías pasado, el cine te sabía a poco.

Cada cual tenía sus estrategias para evitar que los yonkis te robaran. Por supuesto, dentro de estas estrategias no se incluía luchar contra el yonki por tu dinero. Jamás. Cualquier adolescente de los 80 sabía que los yonkis son como los zombis: se huye de ellos, pero nunca debes enfrentarlos, porque la heroína les da superpoderes y les hace inmunes al dolor de tus golpes. Entre las estrategias que sí convenía seguir, estaban las calles a evitar, los sitios por los que pasar corriendo aunque no vieras a nadie, esperar a que pasara un adulto y pegarte a él... En una ocasión, dos chicos del barrio rizaron el rizo. Aparecieron en la plaza después de comer, pavoneándose.

—Mirad lo que nos hemos comprado esta mañana en el rastro —nos dijeron a la concurrencia, mostrándonos unas camisetas heavys. Una era de Iron Maiden, y la otra, una de los Scorpions con la cara de un tío con bigote, gritando con los ojos vendados.

—¿Os habéis hecho heavys? —preguntó, extrañado, uno de los amigos que se sentaba en el banco con nosotros.

—No, que va —aclaró el otro, poniéndose la prenda—. Nos las hemos comprado para que esta tarde, cuando vayamos al cine, los que piden las pelas, al vernos con las camisetas, piensen que somos de los suyos y no nos hagan nada.

Y se marcharon, tan felices de su astuto ardid. Por supuesto, volvieron al rato, sin dinero... y sin las camisetas, porque le gustaron tanto al Pidepelas de turno, que también decidió quedárselas.

Han eclipsado al tradicional yonki mostoleño

Claro está, los tiempos han cambiado, y este entrañable espécimen autóctono ya no es el terror de las calles. Las mafias chinas, o los Latin Kings que trapichean a ritmo de reggaetón y disparan con las armas de lado, han eclipsado al tradicional yonki mostoleño, con su pantalón de chándal correoso y su rebequita llena de lamparones.

He reflexionado en muchas ocasiones sobre por qué el género negro no acaba de funcionar en nuestro país, porque no mola tanto como en los países anglosajones y nórdicos, y he llegado a la conclusión que es exactamente por eso: porque nuestros delincuentes, en lugar de llevar fardonas chupas de cuero y escuchar hip hop, visten ropa de mercadillo y escuchan El Barrio. Y es que a los españoles no nos suele gustar que nos recuerden lo cutres que somos. Nos gusta ver a un detective con gabardina y sombrero, husmeando por oscuros callejones llenos de humo de las alcantarillas, pero nos gusta menos ver a un madero tardofranquista de mano larga investigando en una pensión de la calle Carretas.

Y es una verdadera lástima, porque en España sabemos ser criminales como el que más. Y no solo me refiero al tópico de que este es un país de ladrones (que lo es, estoy convencido de ello). No, me refiero al asesinato. España es un país de excelentes asesinos, cuando un español se pone a matar, no hay nada que lo iguale. Pero, una vez más, nos avergonzamos de ser lo que somos. Les propongo un ejercicio de imaginación, y que nadie se me vaya a enfadar por lo que voy a decir: Imaginen ustedes que salgo a tomarme una copa por Malasaña un sábado por la noche, y llevo puesta una camiseta con la cara de Charles Manson ¿Qué me puede pasar? Lo más grave es que me den Vodka de garrafón. Ahora bien, imaginen ustedes esa misma situación, pero en lugar de llevar la camiseta de Charles Manson, me pongo una con la cara de Antonio Anglés. Lo mínimo que me puede pasar es que regrese a casa sin dientes. Y, ¿por qué? me pregunto yo ¿No son acaso ambos asesinos? ¿No son los crímenes de ambos igualmente deleznables?

¿Se avergüenza el español de la cutrez que rodea a nuestros crímenes? ¿Por qué Ed Gein se convierte en un personaje de culto, capaz de inspirar una saga de películas como *La matanza de Texas*, y sin embargo los asesinos de Puerto Hurraco a lo más que pueden aspirar es a que Saura perpetre *El séptimo día*? ¿Será porque es mejor la motosierra que la escopeta de perdigones El Gamo? ¿Preferimos la gorra de béisbol a la boina con rabillo? ¿El peto vaquero al sufrido traje de pana marrón? ¿Los maizales a los sembrados de garbanzos?

Resumiendo: que en España tenemos material para nutrir colecciones enteras de novelas, películas y *merchadising* vario, siempre y cuando dejemos de ser un pueblo acomplejado por nuestro acervo ¿Se imaginan ustedes lo que daría de sí el crimen de los marqueses de Urquijo en manos de alguien como Oliver Stone? Babeo solo de pensarlo: una magna producción de tres horazas, llena de *flashbacks*, donde se insinúen oscuras conspiraciones bancarias en la sombra… ¿O que me dicen de una reinterpretación del mito del Sacamantecas, al estilo cuento gótico de Tim Burton, con decimonónicas calles llenas de niebla, personajes pálidos y ojerosos y música pletórica de celestas y coros que hagan "ohhh ohhh" todo el rato? Yo lo dejo ahí, a ver si alguien con buen criterio sabe valorar la idea.

Y para ponerle banda sonora a estas líneas, traigo a un grupo que, libre de todo prejuicio, sí supo aunar lo moderno y lo antiguo, lo cutre y lo excelso, la fanfarria y la vanguardia, lo cañí y lo internacional. Me refiero a Alaska y Dinarama, con su alegre tema "La funcionaria asesina".

Bien, cualquiera que haya visto algún documental de la 2 sobre la Movida, o haya leído cualquiera de los múltiples artículos que, con la excusa de reivindicar tal o cual artista de provecta edad y pocas ganas de jubilarse, pueblan blogs de todo pelaje y columnas de cultura de los periódicos, conocerá de sobra la historia de Alaska y sus amigos, así que me quitaré de encima este tema con la velocidad de un caza de combate Zylon: A finales de los

Nacho Canut y Carlos Berlanga

70 surge Kaka de luxe, banda madrileña que será el germen de varios grupos fundacionales de la movida. En Kaka de luxe están, por ejemplo, Enrique Sierra (que luego tocará en Radio Futura), Fernando Márquez "El Zurdo" (que después fundará Paraíso, y posteriormente La Mode), Nacho Canut, Carlos Berlanga y Alaska, que tras la disolución de Kaka de luxe crearon Pegamoides, junto a Eduardo Benavente y Ana Curra. Devorados por su propia fama, muy por encima de los resultados obtenidos en lo musical (solo llegaron a grabar un disco), Pegamoides se divide en dos: Por un lado Benavente y Curra se embarcan en Parálisis Permanente (grupo de culto para cualquier gótico español, ascendido a la categoría de mito después de la prematura muerte de Eduardo Benavente), y Canut y Berlanga se embarcan en Dinarama.

En este punto, conviene que hablemos de los dos personajes que acompañan a Alaska en este viaje musical, y que siempre estuvieron un poco de tapadillo: Nacho Canut y Carlos Berlanga. Canut es quizá una de las cabezas pensantes más importantes dentro de la música española. Por sus grupos más conocidos, podríamos deducir que a este tipo solo le gusta el pop petardón y la música electrónica, pero nada más lejos de la realidad, en realidad es un teórico del punk (suya es la frase que viene a decir algo así como que los Ramones inventaron el secuenciador) y otros géneros de diverso pelaje. Por cierto, su familia está llena de músicos: es hermano de Juan Canut, batería de los Nikis (y, a la sazón, responsable de Junk records, compañía que dejó en la puta calle y sin royalties a mi anterior grupo, Moscú), y de Mauro Canut, de los Vegetales, luego los Intronautas y ahora en los Acusicas. Berlanga (sí, hijo de Luis García Berlanga), sin embargo, es el contrapunto exquisito a Canut. Estaba más interesado en el pop sofisticado y elegante (el toque Chic de "Bailando" es sin duda obra suya) que sus compañeros de fatigas. De hecho, al emprender su carrera en solitario, se declaró más fan de Jobin que de Sigue Sigue Sputnik. Pues bien, estos dos señores son los que están detrás del éxito en la carrera de Alaska. La práctica totalidad de las canciones que han hecho famosa a la microdiva en su época dorada están escritas por el tándem Canut-Berlanga.

De hecho, en principio, Alaska ni siquiera cantaba. En Kaka de luxe tocaba la guitarra (o por lo menos se la colgaba, que siempre queda muy bien), y en las primeras grabaciones de Pegamoides, se puede escuchar cantar a Carlos Berlanga (de hecho Berlanga comentó en alguna ocasión que Alaska, al principio, desafinaba como una perra). Pero parece ser que algún avispado vio que Alaska podía ser la imagen perfecta del grupo, y la puso al frente. Y efectivamente, el figura acertó de pleno: Con Alaska y su rompedora imagen al frente de Pegamoides, "Horror en el hipermercado" el primer single que saca el grupo, se convierte en un enorme éxito en el año 1981.

Es bien conocida por todos los amables lectores de esta sección mi inclinación por los personajes de los ochenta, por una cuestión bien sencilla: prefiero mil veces a un espantajo como Fabio McNamara (que, si bien es cierto que alguna de sus declaraciones provocan sarro, por lo menos dice cosas que divierten y entretienen), que a un huevo sin sal como el cantante de Estopa, u otros individuos sin fuste que no hablan más de la cuenta no sea que alguien se moleste y dejen de comprarles discos, que con la cosa de la crisis discográfica, la cosa está muy malita. Y esto, amigos, hace que el panorama de la música popular en nuestro país sea tedioso hasta decir basta. Afortunadamente, nuestra amiga Alaska no ha sido de las que se han callado nunca. Recuerdo que, cuando era un crío, me sorprendía gratamente ver a una persona con ese estrafalario attrezzo explicándose con la corrección y facilidad de palabra que siempre la han caracterizado. Me imagino que esa particularidad la ayudarían a cerrar muchas bocas en los primeros ochenta, haciendo ver al personal que la gente de la movida no solo eran un grupo de colgados y maricones drogatas, sino que había gente que pensaba y todo. Se puede estar de acuerdo o no con sus declaraciones, pero lo que resulta innegable es que estas están bien argumentadas y expresadas con claridad.

Alaska, pues, se ha metido en todos los charcos posibles, con mayor o menor fortuna: la lucha antitaurina, su postura en contra

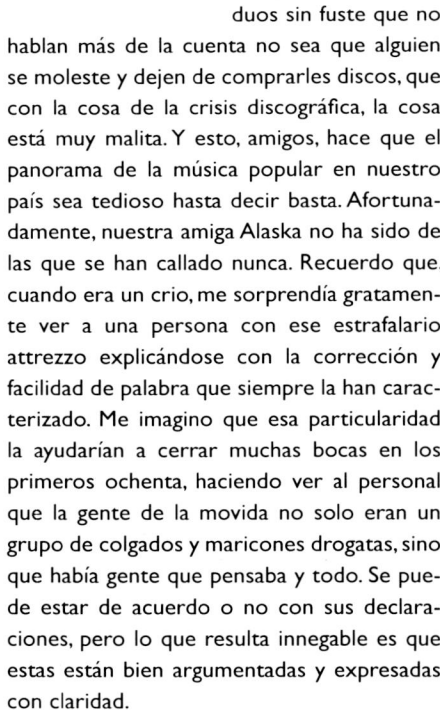

de las prohibiciones de las drogas, su batalla contra los abusos de la industria discográfica (suya fue la frase de "nuestro nuevo disco se debería poder comprar en cualquier tienda por menos de 6€", lo que le costó el boicot de las tiendas de discos. Irónicamente, o quizá gracias a eso, fue el trabajo de su último proyecto, Fangoria, que mejor se ha vendido), hasta llegar a la gran lucha de su vida: los derechos de los homosexuales. Y es una verdadera paradoja, llegados a este punto, que Alaska, símbolo de la lucha del mundo gay, que la ha elevado a los altares de diva, se haya convertido justamente en una caricatura de ese

mundo. Alaska siempre peleó para que la sociedad reconociera que los gays son iguales que los heterosexuales, que no son ningún gueto. Y sin embargo, ella misma ha terminado encarnando todos los tópicos del mundo gay: canta canciones de disco petardón en Fangoria, participa en tertulias del corazón, elevando las chorradas del papel cuché a categoría, y protagoniza un reality show junto a su descacharrante marido. Es decir, se ha terminado encarnando en los estereotipos contra los que ella misma luchó a brazo partido. Porque, señores, todos sabemos que un gay no tiene necesariamente por qué chiflar con Village People y tener de lectura de cabecera el *Hola*, resulta que igual le gustan Sabina o Serrat, y tiene en su mesilla de noche un ejemplar de los *Episodios nacionales* de Galdós, por decir algo.

Pero salgamos de este proceloso jardín, y abandonemos a la Alaska musa de la movida, a la Alaska diva del pop, o a la Alaska icono sexual de una generación que se destetaba con *La bola de cristal*, y centrémonos en la Alaska rockera recalcitrante que, con Dinara-

ma, interpretó el tema que hoy nos ocupa "La funcionaria asesina". El tema estaba incluido en el disco de 1986 "No es pecado", trabajo polémico tanto en el continente como en el contenido. La portada del disco fue censurada en países como México, y nos presenta a una Alaska alejada de su imagen de chica gótica de pelo cardado y atrezo casi monjil. Para la ocasión se presenta con un look agresivo, escotes de un tamaño que la decencia desaconseja, un peinado ciberpunk, y con una motosierra en la mano. El primer sencillo del álbum es el himno "A quién le importa", uno de los mayores éxitos de la banda. Sin embargo, "La funcionaria asesina", además de venirme al pelo para ilustrar el tema que hemos tratado, me resulta muy representativo de la idiosincrasia de este personaje, que siempre se ha sentido muy cómoda saltando a un lado y otro de la línea divisoria que podríamos establecer entre Concha Piquer y Megadeth. "La funcionaria asesina" cuenta, en primera persona y con humor berlanguiano (que podría ser del padre pero en este caso es del hijo) la peripecia vital de una mujer que, viendo frustradas todas sus ambiciones, no tiene más remedio que dar matarile con saña a sus semejantes para escapar de su gris rutina como funcionaria. Aquí vemos un perfecto ejemplo del sano equilibrio que unas líneas más arriba demandaba en nuestro arte nacional: algo tan internacional como el asesino en serie, mezclado con algo tan español como el funcionario ¿O es que alguien me va a discutir que hay algo más español que el funcionario escaqueado, birlándole tiempo a la administración pública para ocuparse de sus asuntillos… aunque esos asuntillos consistan en cortarle la yugular a la vecina que pone la tele muy alta? ■

Relato: Retribución

Por King Parker / Traducido por Alberto López Aroca

Muchos saben que David Goodis acabó sus días en la marginalidad, de forma silenciosa, encandilado por la noche y el alcohol. Son menos los que saben de su amistad con King Parker, escritor poco prolífico y compañero de correrías del que se desconoce casi todo, y autor de este relato, aparecido en la revista *pulp* Crime in the City en el número de otoño de 1955.

EL CADÁVER DE Rhoda estaba tendido en la cama, en mitad del dormitorio. Por la habitación había pasado un huracán con pistolas, a juzgar por los agujeros distribuidos entre las piernas, los brazos y el pecho de la chica. Las sábanas se habían teñido de sangre, las puertas del armario empotrado estaban abiertas de par en par, los vestidos, los pantalones, las bragas y los calzoncillos, todo estaba esparcido por el suelo. Los cajones de la mesita de noche se encontraban en el otro extremo de la habitación, volcados, y la cómoda se había convertido en un montón de astillas.

Blood se agachó junto a la cama para recoger la pata de una silla con la que habían golpeado el rostro de Rhoda hasta desfigurarlo por completo. Después se dirigió al cuarto de baño del dormitorio. Por la puerta salía un charco de agua procedente de la cisterna rota, arrojada de cualquier manera a la bañera.

Los azulejos del enlucido tras el retrete estaban en el suelo, hechos añicos, y habían dejado al descubierto una oquedad de seis o siete pulgadas en la pared.

Blood estaba seguro de que Rhoda les habría dicho dónde estaba el dinero sin necesidad de torturas, pues Rhoda no soportaba el dolor. No obstante, ellos se habían ensañado con ella tanto como habían podido. Y después se habían llevado el dinero.

Salió del aseo, sacó la almohada de debajo de la cabeza de Rhoda, le quitó la funda de tela azul y con ella envolvió la pata de la silla.

A continuación, se marchó de allí en busca de Kramer Krap y sus muchachos para matarlos a todos.

WILL BILLINGS, EL chivato que ayudaba a la banda de Kramer y ofrecía pistas falsas a la pasma, tampoco soportaba bien el dolor. Precisamente por ese motivo trabajaba para Kramer.

—¡Espera! ¡Espera! —gritó Will, su espalda pegada a la pared del callejón.

Blood se estaba acercando a él con lo que parecía una especie de bate de baseball fantasma en la mano derecha. Golpeó con fuerza el brazo izquierdo de Will, y el chivato maulló como un gato.

—¡No tienes por qué hacer esto! —dijo Will—. ¡Voy a hablar, tío! ¡Te diré lo que quieras!

Blood le golpeó de nuevo, esta vez en el otro brazo. Repitió los golpes en las costillas y luego en ambas piernas. A sus espaldas, al otro extremo del callejón, la gente iba y venía, y no se metía donde no la llamaban. Se escuchó la sirena de un coche patrulla a lo lejos, pero Will Billings no se sintió esperanzado por ese sonido. Parecía que a Blood le importaba un bledo si en ese momento aparecía toda la policía de North Havenbrook.

—¡Por el amor de Dios, Blood! —gritó Will—. ¿Es por Kramer? ¡Te lo diré todo! ¡Te diré dónde se encuentra!

Blood se detuvo un instante y dijo:

—Sé que lo harás.

Y siguió golpeando a Will durante un rato.

EN LA ENTRADA trasera del garito, Con Sheridan estaba limpiándose las uñas con la navaja del difunto "Patillas" Fritz. "Patillas" había sido compañero de Sheridan en los tiempos en que los muchachos se dedicaban a reventar las cajas de las cabinas telefónicas, justo cuando habían dejado aquello de asaltar a los borrachos a la puerta de los bares. Las cabinas telefónicas eran una cuestión de arte para el difunto "Patillas" Fritz, cosa que en verdad, a Con Sheridan le daba bastante igual. "Patillas" no hacía nada con un destornillador que Sheridan no hubiera podido hacer dando una buena patada.

Ahora, "Patillas" había andado tonteando con Carol, la chica de Kramer Krap, y Con le había tenido que meter un destornillador en las tripas. Doce veces.

Con Sheridan creía que eso era lo que los tipos listos llamaban "justicia poética".

Cuando Blood dobló la esquina que daba a la entrada del Rosen's, el garito de Kramer, Con Sheridan seguía hurgándose las uñas con la navaja del "Patillas". Con no lo vio venir, y recibió el primer golpe de abajo hacia arriba, en la mandíbula. La navaja saltó de sus manos, y Con se desplomó contra la puerta y se escurrió lentamente hasta el suelo.

Pero no estaba inconsciente.

—¿Está Kramer en casa, Con?

Con miró hacia arriba y vio lo que le había golpeado: un bate de baseball que sujetaban con fuerza las enormes manos de ese tipo que había llegado hacía unas semanas a North Havenbrook. Con sabía quién era, entre otras cosas porque esa misma tarde había estado en su apartamento, en compañía de Kramer y un par de los muchachos, y habían matado a la fulana de ese tipo. La habían molido a palos, habían cogido la pasta que la parejita escondía en el aseo, y después habían cosido a balazos la chica.

A Con le dolía horrores la mandíbula, y por un momento, había olvidado por completo el nombre de ese individuo. Pero ahora lo recordaba.

—Te vamos a destrozar, Blood —le dijo—

. Te voy a arrancar la piel con mis propias manos. Y Kramer te hará algo más.

—¿Está en casa? —repitió Blood.

—Claro que sí, idiota.

Blood levantó la pata de silla y remató la faena.

Con gritó un par de veces, y después guardó silencio. La puerta del Rosen's se abrió y aparecieron dos tipos que blandían sendos revólveres. Blood los conocía de vista: uno de ellos, el más bajito, se llamaba Derek no sé qué y llevaba un S&W; el otro, un tipo viejo, espigado y con la cabeza en forma de bala, era un tal Carter. Le estaba apuntando también con un S&W.

—Mierda —dijo Derek—. Se ha cargado a Con.

Blood soltó la pata de la silla y dijo:

—Me habéis pillado.

KRAMER KRAP TENÍA sentada en sus rodillas a Carol, que era una de esas coristas rubias que de cuando en cuando llegaban a North Havenbrook rebotadas desde la gran ciudad. Carol había salido de algún lugar de Illinois, en mitad del cinturón de maíz de los Estados Unidos, y como buena campesina, sabía tratar bien a su hombre. Y su hombre, por supuesto, era el gángster local Kramer Krap.

A Kramer le gustaba lucir a su rubia en el Rosen's, donde nadie habría osado tocarle un pelo a Carol —nadie salvo ese idiota de "Patillas" Fritz; pero eso ya era historia—, y también la llevaba a los locales de algunos amigos.

En los últimos tiempos, Kramer estaba haciendo muchas amistades. Y no sólo en los bares de copas y en las casas de mala reputación, sino también en algunas joyerías, bancos, y otros negocios respetables de North Havenbrook. Era esa clase de amigos especiales, esos que te dan dinero a cambio de evitar que a sus negocios les sucedan cosas imprevistas. Cosas malas. Por ejemplo, lo que le había sucedido a ese buen amigo de Kramer que se llamaba Jim Spano, un prestamista de la calle 9 al que un tipo le había birlado cuarenta y dos de los grandes. Spano, que había encajado un balazo en el hombro, se había quejado a Kramer, y Kramer, que presumía de cumplir en los negocios, le había prometido a Spano que recuperaría al menos una cuarta parte del botín.

—Menos es nada, ¿verdad, amigo? —le había dicho a Spano, que sabía lo que iba a suceder con los otros tres cuartos de su dinero. Y Spano, que de esa manera especial era un amigo de Kramer Krap, no replicó. Y no lo hizo porque sabía que Kramer se tomaba las cosas muy en serio. De hecho, Spano se alegraba de no estar en el pellejo del imbécil que había irrumpido en su despacho con un revólver y una bolsa vacía y le había pegado un tiro.

Cuando Kramer se enteró de que el tipo que había limpiado a Jim Spano era ese forastero con pinta de chulo que se había tomado unas copas en su propio local, en compañía de una morena que a Kramer, a decir verdad, le había parecido una cosa seria, decidió que había que darle una buena lección. Fue Billings el chivato quien corrió a contárselo, pues por suerte, Will Billings conocía sus obligaciones: cualquier cosa interesante que sucediera en la ciudad, Kramer debía saberla antes que ese hatajo de inútiles de la Policía de North Havenbrook.

> Con esa información y el pensamiento puesto en tres cuartas partes de cuarenta y dos mil dólares

Billings le había contado que el forastero se hacía llamar Blood, que su zorra aún no tenía nombre, pero que lo averiguaría, y que habían alquilado un apartamento en el West.

Con esa información y el pensamiento puesto en tres cuartas partes de cuarenta y dos mil dólares, Kramer cogió a Sheridan, a Mick y a Moss, y se marchó a hacerle una visita a ese ladronzuelo de tres al cuarto. Sin embargo, cuando se encontró con que ese tipo había dejado allí a su fulana, Kramer decidió pasar un buen rato y ya puestos, dejar el listón bien alto.

La chica les había dicho dónde estaba la pasta —la habían ocultado tras la cisterna del retrete, en un agujero practicado en la pared—, pero Kramer no estaba por la labor de pasar por alto el asunto. Por eso, él y los muchachos se emplearon a fondo. Estaba seguro de que aquello haría que el tal Blood, si es que se llamaba así, se largara de la ciudad a toda prisa.

Por eso se sorprendió tanto al verlo allí, en la trastienda del Rosen's, encañonado por Derek y Carter.

—Ha matado a Con —anunció Derek, y le lanzó a Kramer el improvisado bate de baseball. La tela azul estaba manchada de sangre por un extremo.

Kramer se quitó de encima a la rubia Carol de un azote, y a continuación se puso en pie. Miró de arriba abajo al recién llegado, como si no pudiera creer que fuera el mismo tipo al que había visto unos días atrás en su club.

—Tú eres Blood.

Blood no respondió.

—Dime, Blood, ¿por qué demonios estás en mi local y no de camino a cualquier otra parte?

—Porque antes de marcharme de aquí quiero recuperar mi dinero y matarte a ti y a tus hombres. —Blood miró a Carol, que se había repantigado en un sillón, al otro lado de la mesa donde había un puñado de billetes, un par de copas y un mazo de cartas—. Y creo que también me llevaré a la chica.

Kramer se volvió hacia Carol, que acababa de encenderse un cigarrillo, y después regresó con Blood.

—¿Estás hablando en serio? —le dijo—. ¿Has venido para vengarte de mí porque nos cargamos a tu furcia?

—No venganza —respondió Blood—. Retribución.

—¿Retribución?

—Mi dinero. Una chica. Todos vosotros muertos.

—Está bien —dijo Kramer, y sacó un diminuto revólver del bolsillo de la chaqueta—. Muchachos, sujetadlo.

Derek y Carter cogieron a Blood por los brazos, y Kramer le golpeó tres veces en la cabeza con la culata del arma. Las rodillas de Blood se doblaron.

—Llevadlo al sótano —ordenó a los muchachos, y después dijo a Carol—: Y tú, ve a la barra y dile a Tricky que te dé el soplete y una botella de whisky. Y tráelo todo abajo.

—Sí, Kramer —respondió la chica.

TRICKY FREDERSEN VIO entrar por la puerta principal del Rosen's a los hermanos Mick y Moss Guzik, y pensó que aquellos dos eran capaces de oler la sangre a millas de distancia. Era imposible que supieran lo del tipo del sótano, pero ahí estaban. Tricky les hizo señas para que se acercaran a la barra.

—¿Qué pasa? —preguntó Mick, que era gordo y voluminoso como una alambique casero.

—Kramer está abajo —les dijo—. Me ha pedido el soplete.

Moss soltó un gruñido, alargó el brazo por encima de la barra y cogió una botella de Pitman's que Tricky había dejado tras el mostrador.

—Venimos de devolverle su pasta a Jim Spano —dijo Mick, sonriendo. Su hermano Moss debía de pesar la mitad que Mick, y rara vez decía una palabra comprensible—. ¿Quién es el afortunado?

—Ni idea, chicos.

—Ojalá sea el idiota que limpió a Spano, ¿verdad, Mossie? —dijo Mick.

Moss engulló un trago directamente de la botella y soltó un par de ruidos guturales. Tricky tradujo mentalmente: "Sí, Mick".

—¿Bajamos a echar una mano, Tricky? —preguntó el más gordo de los Guzik.

—Vosotros mismos.

Mick hizo ademán de largarse hacia la trastienda, pero Moss lo agarró por la solapa, soltó otro de sus gruñidos y le tendió la botella de ginebra a su hermano.

—Está bien, echemos un trago —dijo Mick—. No todo va ser diversión.

Tricky no se molestó en sacar vasos para esos dos animales.

EN OTRO TIEMPO, Inge Carter había sido un cotizado torpedo en Detroit. Le había dado el paseo a más tipos de los que podía recordar, y en una ocasión había participado con los restos de la banda de Dion O'Banion en un atentado contra el mismísimo Al Capone en Chicago. A su manera, Inge Carter había sido un tipo importante, y se había codeado con la crema de su profesión, pero ahora no era más que un viejo discreto y silencioso que se paseaba por un pueblucho llamado North Havenbrook con un revólver en el bolsillo, y bebía vodka con zumo de tomate en el club de su jefe, Kramer Krap. Rara vez tenía ocasión de disparar contra alguien —para eso estaban los jóvenes como los hermanos Guzik o su amigo Derek—, y lo cierto es que no sabía muy bien por qué Kramer lo había acogido como a uno más. Carter creía que era por su reputación, y porque de algún modo, le inspiraba confianza a Kramer.

—Dame fuego, Carter —le dijo Kramer Krap, y Carter le tendió una caja de fósforos.

Carter miró al tipo que había matado a Con Sheridan. Estaba sentado en una silla, sus manos atadas al respaldo y las piernas sujetas a las patas delanteras. Derek, que había servido en la Marina durante la guerra, había hecho esos nudos que tanto le gustaban: a veces, mientras tomaban una copa en el bar, Derek sacaba un cordón del bolsillo y hacía nudos. Nombraba las lazadas y las vueltas como si estuviera recitando un poema, y al terminar, decía el nombre del nudo: "cabotaje", y cosas así. A Carter le parecía que Derek era un buen chico.

Sin embargo, ese forastero al que Kramer iba hacer pasar un mal rato no le parecía en absoluto un buen chico. A Carter le resultaba familiar, aunque no era capaz de situarlo. Por lo que sabía, el tipo no era más que un ladrón de tres al cuarto, pero que lo ahorcaran si no había visto aquel rostro de piedra en alguna otra parte.

Decían que se llamaba Blood, pero Inge Carter estaba seguro de que ese no era su verdadero nombre.

—Despierta a ese montón de carne, Carter —le ordenó Kramer.

Carter se volvió a la pila, que estaba junto a un estante repleto de cajas, botes de pintura vacíos y algunas herramientas, cogió un cubo de metal y lo llenó de agua. Después fue hacia la silla donde estaba ese tipo.

—Estoy despierto —dijo Blood.

—No importa, amigo —dijo Kramer—. Carter, tírale el cubo de agua. Va a agradecer estar fresquito ahora, porque dentro de un momento va a tener mucho, mucho calor.

Carter obedeció y arrojó el agua contra el tipo de la silla.

Blood soltó un bufido, escupió agua y le echó a Carter una mirada que al viejo torpedo no le gustó un pelo.

—¿Por qué no nos lo cargamos de una vez, Kramer? —dijo Inge Carter, y sacó su re-vól-ver—. Si quieres, yo mismo puedo hacerlo.

—¿Qué mosca te ha picado? —dijo Kra-mer—. No tenemos ninguna prisa. Pienso dar-le a este entrometido lo que se merece.

—Es sólo que me ha parecido una buena idea, Kramer.

—Deberías hacer caso al viejo —dijo Blood.

Kramer lo miró, encendió un fósforo y lo acercó a la punta del soplete, que soltó un fo-gonazo.

—Si crees que te vas a librar de esto, vas listo, amigo —le dijo Kramer—. Quitadle los zapatos.

Derek y Carter se miraron.

—¿A qué estáis esperando, muchachos?

Derek señaló a la escalera, y Kramer vio allí a su chica con la mano apoyada en la barandilla.

—Lárgate, Carol —dijo Kramer—. ¿O es que quieres ver el espectáculo?

—¿Es que no puedes pegarle un tiro, Krap? —respondió la chica—. ¿Tienes que hacerle esas cosas?

—Vaya, ¿os habéis puesto todos de acuer-do? —dijo Kramer—. ¿Os cae bien este bastar-do? ¿O es que queréis que os caliente también a vosotros? ¿Eh, Carol? ¿Te apetece que te depile las piernas? —Abrió un poco más la espita del soplete y salió una larga llamarada.

El viejo Carter se dirigió al pie de la escale-ra, tomó por el brazo a Carol y la empujó hacia arriba.

—Vete a tomar una copa, cariño —le dijo Carter al oído—. Aquí no hay nada que quieras ver.

Blood observó toda la escena en silencio, y se hizo una idea bastante clara de qué tipo de líder era Kramer: Había encontrado a mu-chos hombres como él, hombres brutales que en realidad no eran más que unos peleles. Días antes, cuando había visitado el Rosen's con Rhoda, había visto a los matones que trabaja-ban para Kramer, y los reconoció como lo que eran, unos paletos acostumbrados a robar en las cabinas de teléfonos y cosas así. El único que parecía un profesional era el viejo, pero Kramer lo trataba como si fuera un inútil. El viejo era el único que tenía su arma en la mano, y por tanto, era el único del que Blood debía cuidarse.

El otro, el muchacho al que llamaban De-rek, parecía un tipo serio: había hecho un buen trabajo con los nudos, pero no se había dado cuenta de que Blood estaba despierto todo el tiempo, sus músculos tan tensos como cuerdas de violín. Además, la silla donde lo habían ama-rrado había visto sus mejores tiempos durante la Prohibición: era de madera, y la humedad del sótano había empezado a pudrirla.

Desde el momento en que había visto el ca-dáver de Rhoda, Blood había sabido que un in-dividuo tan innecesaria-mente cruel como Kramer no podía ser cui-dadoso.

Y ahora todos estaban demasiado ocupa-dos con sus tonterías para escuchar los crujidos de la madera. Sobre todo Kramer.

Carol desapareció escaleras arriba.

—Los zapatos y los calcetines, fuera —or-denó Kramer—. Vamos.

Derek y Carter guardaron sus armas y se agacharon a los pies de Blood.

—¿Es que este tipo te importa algo? —su-surró Derek.

Inge Carter no respondió, y se limitó a hacer lo que le habían ordenado. No estaba mirando el zapato que tenía en la mano, sino el otro, el que Derek había desatado con gran facilidad, cuando sintió el puntapié en el rostro. Nadie escuchó el sonido de las astillas.

Un instante después, el sótano bajo el Rosen's Club se había convertido en un mani-comio.

CUANDO VIO A los hermanos Guzik acodados en la barra, Carol deseó tener un momento de inspiración y decirle algo ofensivo e ingenioso a ese par de cerdos. Pero no había sentido nada semejante desde la última vez que había hecho pruebas de voz para uno de esos horribles musicales de Broadway.

—Buenas tardes, Carol —dijo Mick, y su saludo sonó a pura lujuria.

Moss Guzik ni siquiera se molestó en decir "hola", cosa que a Carol le dio exactamente igual, pues no lo habría entendido bien. Moss se limitó a mirarle los pechos, y después le echó un largo trago a la botella de Pitman's.

—¿Necesita Kramer ayuda allí abajo? —preguntó Mick.

—Por supuesto —respondió Carol—. Seguro que necesita a tres o cuatro como vosotros para quemar vivo a un hombre atado a una silla.

Moss se echó a reír y escupió una bocanada de ginebra en sus zapatos. Mick se acercó a Carol y le dijo:

—¿Así que tres o cuatros como nosotros?

—Por lo menos.

—¿Y para hacerte algo a ti, cuántos como nosotros hacen falta? Quizá sólo nosotros dos, ¿eh, Mossie? —dijo, y Moss volvió a reír y a escupirse el alcohol encima.

El camarero Tricky Fredersen se acercó a ese rincón de la barra.

—Eh, vosotros dos —le dijo a los Guzik—, ¿es que ya os habéis olvidado del Patillas?

—Sólo estaba bromeando, Tricky —dijo Mick—. No hemos ofendido a Carol, ¿verdad que no, preciosa?

Moss dijo algo ininteligible y le tendió la botella de Pitman's a la muchacha, que la rechazó con un gesto.

—Ponme una copa, Tricky —dijo Carol, y le dio la espalda a los hermanos Guzik—. Si no es Kramer, algún otro se encargará de estos dos algún día.

Entonces se dieron cuenta de que la puerta de la trastienda, la que llevaba también al sótano, se estaba abriendo.

LOS DOS OJOS de Derek saltaron fuera de sus órbitas y quedaron colgando, uno de ellos sobre la mejilla. En todo este tiempo, Kramer Krap le había hecho toda clase de perrerías a un montón de bastardos, pero nunca había visto que a alguien se le salieran los ojos de un apretón en el cuello.

Era algo nuevo. Debía de doler muchísimo, pero Derek apenas podía emitir un gemido ahogado.

En el suelo, Inge Carter estaba intentando atrapar su S&W con la mano derecha, mientras que con la izquierda trataba de taponarse la nariz, que sangraba a chorro. Pero Blood ya había abandonado a Derek, y se dispuso a patearle la cara a Carter con los pies desnudos otra vez. La S&W de Carter salió disparada y cayó al suelo; Kramer Krap soltó el soplete ardiente y se arrojó encima de ella. Ni siquiera pensó en el diminuto e inofensivo revólver que llevaba en el bolsillo de la chaqueta.

Pero no tuvo tiempo de hacer nada con la pistola, pues los puños de Blood cayeron sobre el rostro de Kramer una y otra vez. No tuvo problemas para arrebatarle el arma.

El viejo torpedo Carter, apenas consciente, vio la maniobra del hombre del rostro de piedra, y se dijo dos cosas: que aquello era magia, y que sí, había visto a ese tipo antes en algún otro lugar, hacía mucho tiempo. Pero Carter se desvaneció antes de poder recordarlo.

—Bastardo —comenzó a decir Kramer, y Blood le propinó un puntapié en la boca. Kramer sintió cómo se le rompían un par dientes.

Blood se acercó a la mesa, donde Kramer había dejado la pata de silla envuelta en la funda azul de la almohada. Se acercó al cuerpo jadeante de Derek y le aplastó la cabeza de un certero golpe. Después hizo lo propio con el viejo e inconsciente Carter, y se entretuvo un poco más con Kramer Krap.

—¡Espera, te diré dónde está el dinero! —dijo Kramer, que aún esperaba salir con vida de aquel atolladero.

—Ya lo buscaré yo —respondió Blood.

Y le machacó la cabeza hasta matarlo.

—EH, ÉSE ES el tipo que le robó a Jim Spano —dijo Mick Guzik, y una bala le estalló en la cara.

Moss arrojó la botella de Pitman's sobre el individuo que acababa de salir de la trastienda, pero falló y recibió dos disparos en mitad del pecho. Antes de caer del taburete ya estaba muerto. La ginebra se desparramó, igualita que el cadáver de Moss Guzik.

Tricky Fredersen miró hacia la escopeta de cañones recortados que tenía justo delante, bajo la barra, pero se lo pensó dos veces y puso las manos con las palmas hacia arriba sobre el mostrador.

Blood no dejó de apuntar con su arma hacia el camarero, que estaba junto a Carol.

—El dinero —le dijo Blood a la chica.

—Está ahí detrás, en la caja fuerte.

Blood pareció meditar un par de segundos.

—Conoces la combinación —dijo. No era una pregunta.

—Sí.

—Tráelo.

—¿Todo?

—Sí.

Carol se levantó y se dirigió hacia el cuartito de la trastienda, donde estaba el despacho de Kramer.

—¿No cree que la chica puede volver con un arma y pegarle un tiro por la espalda? —preguntó Tricky, que estaba un poco nervioso.

—No —respondió Blood.

—Pero ella es la chica de Kramer —dijo Tricky.

—Por eso.

Carol reapareció arrastrando un par de bolsas muy abultadas.

—¿Has echado un vistazo al sótano? —preguntó Blood.

—No.

—Bien. Tú —le dijo al camarero—, si no quieres que el local arda por los cuatro costados, baja y apaga el soplete.

—¿Ya?

—Espera a que nos marchemos.

Blood le indicó a la muchacha que saliera delante de él por la puerta principal, pasando por encima de los Guzik, y la siguió sin dejar de apuntar a Tricky.

En cuanto los vio salir por la puerta, Tricky Fredersen corrió hacia el sótano y bajó las escaleras a toda prisa. Encontró los tres cadáveres desfigurados y el soplete encendido en el suelo.

Por suerte para todos, nada se había quemado.

A Tricky le pareció que el cuerpo de Kramer soltaba una bocanada de aire. Tricky le asestó una patada en el costado, a la altura de los riñones, y tras unos minutos ya no escuchó ninguna otra señal de vida.

Entonces subió al Rosen's, cogió el teléfono y marcó el número de la policía de North Havenbrook.

Relato: Un espacio luminoso y dulce

Por Amir Valle

Amir Valle nació en Santiago de Cuba, en 1967. Ha obtenido importantes premios literarios de su país, destacándose el Premio Nacional Razón de Ser de Novela 1999, el Premio Nacional José Soler Puig de Novela 1999 y el Premio Nacional La Llama Doble de Novela Erótica 2000. En "Un espacio luminoso y dulce" hace un retrato de su Cuba natal como sólo alguien de allí podría hacer...

MAMÁ AMANECIÓ CON la boca llena de cucarachas. Es del carajo decirlo, pero así fue. Y la cucaracha que salió de la boca abierta de Mamá cuando entré a su cuarto, luego de llamarla varias veces para que tomara el desayuno, siguió caminando tranquila, protegida por mi estupor, hasta perderse por una de las rajaduras de la pared del fondo, seguro para esconderse en la inmensa loma de escombros y basuras podridas que crecía cada día en el descampado, en ese lado del solar, desde una tarde de lluvias intensas en que el edificio aquel dijera "voy abajo", y se derrumbara, llevándose al mundo de los muertos a los tres viejos y la niña de dos años, que no lograron escapar a tiempo, como los demás.

Era gorda la cucaracha. Negra. De alas muy brillantes.

Encendí la luz del cuarto y entonces la vi. Y todavía bajo la rigidez del estupor, bien lo recuerdo, pude observar la desbandada asqueante de otras cucarachitas, de esas que los fumigadores llaman alemanas: grises, de apenas un centímetro, delgaduchas, que también salieron de la boca de Mamá.

Álida llegó desde la cocina, se paró detrás de mí y gritó.

Recuerdo su grito.

Nada que ver con esos otros de placer, desnudos, cuando hundía entre sus nalgas "tu verga rozagante", como ella misma la llamaba, luego de que la saboreara por unos minutos muchas noches, desde unos cuantos años atrás.

Nada que ver con ese grito de aquella primera madrugada, dormidos casi uno encima del otro, cuando sentí, entre las nieblas del sueño, que una mano caliente y pequeña se colaba bajo la pata de mi short y comenzaba a juguetear con lo que Mamá decía era para las niñas. Abrí los ojos, vi sus ojos brillando en la oscuridad, ojos como de gata, y se lo dije: "es para las niñas", o algo así, medio dormido, confuso, y respondió "y qué carajo soy yo, David", para abrir las piernas y recibirme en un abrazo, como una de esas mujeres que luego tuve en la vida, aunque ella se viera obligada en ese momento a guiarme en lo que ninguna de las demás tuvo que hacer: otra vez su mano caliente halándome por el mismo centro del cuerpo y colocando aquella parte endurecida de mi cuerpo en un agujero mojado y también caliente del suyo, diría mejor, hirviente, donde me hundí, como por ley natural, de un empujón de cadera y supe, sin decírmelo entonces, que muchas otras noches regresaría a mi hermana para volver a hundirme en esa caverna maternal que me hacía sentir igual que si flotara en un espacio luminoso y dulzón.

Nada que ver con esos gritos que la oía soltar, entrecortados, de dolor, en ese mismo cuarto donde Mamá amaneció con la boca llena de cucarachas.

Eran días de mierda. Mi padre ligaba una borrachera con otra y botaba a Mamá de la casa, "me quedo con los niños, puta", bramaba, "y al que se meta le arranco los cojones, ¿oyeron?", gritaba a los vecinos, tiraba la puerta en las narices de los pocos que se atrevían a mirar aquella escena repetida, y no nos atrevíamos a escapar de nuestra casucha en aquel solar, aunque podíamos ver a Mamá desde la ventanita alta de nuestro cuarto, llorosa, removida por los temblores del miedo mientras miraba hacia nuestro piso, parada en la puerta del cuarto de Hortensia, la vecina que nos cuidó desde chiquitos para que ella trabajara. Estábamos convencidos de que ni siquiera imaginaba lo que pasaba por las noches bajo esas paredes, en aquellos días de mierda en que mi padre la sacaba a empujones y golpes y patadas "me quedo con los niños, puta": esa primera hora de silencio mientras vaciaba la botella sentado en la sala, oyendo en la grabadora el mismo casette de Los tigres del Norte; su entrada, desnudo, al cuarto, y el abrazo que me daba Álida, fuerte, tembloroso como toda ella, "tú no te metas, cabrón, y aprende"; y el empujón de esa bestia de ojos rojos que se lleva a rastras a mi hermana, que tiembla como Mamá y como Mamá llora y se deja llevar, desvanecida, y sigue llorando cuando él le susurra, aunque yo pueda oírlo, "abre las patas, putica, vamos a gozar con Papi". Sus gritos entrecortados. "Me tapa la boca", me contaba Álida, "casi me ahoga".

Por eso un día vino: "házmelo tú, mi herma", dijo, "mis amigas dicen que es lindo con alguien que lo quiera a uno". Y ella sabía que yo la adoraba.

Álida tenía diez años; "es para las niñas", dije, infantil, temeroso, confundido, esa madrugada; "¿y qué carajo soy yo, David?", soltó, bajito pero con una decisión en la voz que no le conocía, "no te hagas el inocente, que ya tienes doce años". "Ven", ordenó. Y fui. Y desde entonces las noches eran una fiesta. Menos aquellas en que mi padre repetía la escena: la bronca con Mamá, "¡vete pa' la mierda, puta vieja!", su entrada abrupta en el cuarto, los quejidos de Álida.

Hasta esa noche.

—Papá está borracho en el pasillo del segundo piso —me dijo, ya temblando—. Ahorita seguro viene.

Le había dado una golpiza a Mamá, en pleno pasillo, "esta es mi mujer y si me sale de los cojones descuerarla, la descuero", gritó a los vecinos, y luego "voy a coger aire, perra", lo sentimos gritarle. Y el portazo. Y los pasos callados de Mamá hacia el cuarto, que nos miró al pasar y sonrió con la boca partida, sangrando por un costado, un ojo ennegrecido y doblada hacia un lado del vientre que se sobaba lentamente con las dos manos. Oímos su cuerpo caer sobre el viejo camastro que también rechinó sus muelles oxidados. Entonces salimos. Sin planificar nada ni hablar una palabra más salimos.

Borracho estaba mi padre cuando subimos la escalera. Hedía a orine. A ron malo. A sudor, "ese mismo sudor pegajoso que me deja cuando termina de hacer lo suyo. Intento quitármelo bañándome con bastante jabón y agua, pero se pega, mi herma, me hace vomitar", me había contado ella, un día.

Dormido estaba. La novela brasileña mantenía a todos los vecinos dentro de los cuartos del solar, embobados en los amores frustrados de la esclava Isaura, hoy sé que intentando escapar en aquellos novelones de toda la mierda que siempre nos ha cercado en esta isla, hartos ya de soñar con vivir en la Cuba próspera y perfecta que sólo salía en los noticieros.

Se babeaba dormido el muy cabrón de mi padre, bien lo recuerdo. Y a hurtadillas lo empujamos. Abrió los ojos cuando sintió el empuje. "Davicito", balbuceó, "¿dónde está la puta de tu hermana", porque Álida se escondió detrás de mí, con aquellos temblores que la maniataban, cuando lo vio entreabrir los ojos.

No dije una palabra. Sin ponernos de acuerdo, algo nos había susurrado que Álida y yo debíamos hacer rodar su cuerpo por debajo

> Se babeaba dormido el muy cabrón de mi padre, bien lo recuerdo. Y a hurtadillas lo empujamos

del barandal, roto en algunos sitios, o colarlo por los cuadrados de metal. Que cayera en el medio del patio, allá abajo, en la primera planta del solar. Y sólo esa vez bendecimos al degenerado ladrón que, quién sabe cuántos años atrás, había robado la madera preciosa del barandal de lo que había sido, en los tiempos de la colonia, la mansión de algún ricacho, de modo que, de lo que fuera una hermosa baranda interior de madera preciosa torneada y sujeta por un esqueleto de cuadrados grandes de metal, también torneados, sólo quedaba eso: el esqueleto de metal, pero ya herrumbroso, endeble, incluso partido en muchas partes, que impedía a los vecinos de esa planta recostarse allí para observar lo que pasaba abajo.

Todavía hoy no sé de dónde saqué la fuerza, aquella fuerza, que lo hizo llegar hasta el barandal roto del balcón y quedar trabado en uno de los pocos cuadrados de metal, todavía fuertes. Tampoco sé qué me hizo avanzar hacia él, caminando sobre mis nalgas por el pasillo, y empujarlo con los pies, desesperadamente, apurado por terminar, hasta ver que sus ojos se abrían "¡oye, qué cojones te pasa!", le oí decir, sin que lograra manejar su cuerpo, o resistir mi empuje, atontado todavía por el ron, los ojos muy abiertos, las manos buscando asirse de algo, hasta que Álida perdió el miedo y vino, también sobre sus nalgas, como una cangreja asustada, a empujarlo con una fuerza que todavía recuerdo en verdad descomunal, inusitada. Como no logró moverlo, le dio una patada en la cara, y recuerdo que al verlo intentar tapársela con una mano, volvimos a patearlo y entonces

sí cayó. Se deslizó su cuerpo pesado, como una serpiente de agua, resbalosa, ágil, y lo perdimos de vista.

Cuando nos asomamos por el hueco del barandal y miramos hacia abajo, un charco de sangre comenzaba a crecer alrededor de su cabeza explotada.

Los vecinos seguían anestesiados ante la tele por el mundo cruel de los amores imposibles de la esclava blanca Isaura, cuando bajamos las escaleras, y entramos a la casa, donde Mamá dormía, dueña ya, pensamos, de esa merecida tranquilidad que no imaginaba, sin imaginar nosotros que se debía a ese charco de sangre que se empozaba bajo su cara, brotando de un costado de su boca. Pero entonces, desde la salita de nuestra casa, sólo pudimos ver su cuerpo encogido sobre las sábanas, de espalda a nosotros. "Déjala dormir, pobrecita", me dijo mi hermana, regresamos a nuestro cuarto y pasamos el pestillo.

—Hoy me lo vas a hacer por dónde a él le gustaba hacérmelo —dijo entonces Álida, se quitó las ropas y se puso de espaldas, agarrada al borde de la cama, con la grupa levantada hacia mí—. Le gustaba darme por el culo. Hazlo tú. Contigo seguro voy a gozar como él quería que yo gozara.

Luego de una intensa cabalgata sobre las nalgas hermosas, redondas y duras de mi hermana, justo cuando ella susurraba "sí, sí, es rico, mi herma", y yo me vaciaba en ella, poseído por esa cosquilla que me erizaba hasta el cerebro, afuera, en el patio del solar, empezaron a escucharse los primeros gritos.

Relato: Me debes dos de 100

Por Carlos Sálem

Estudió Ciencias de la Información en Córdoba (Argentina), y escribió y dirigió programas de televisión. Fue director de periódicos en Ceuta y Melilla. Reside en España desde 1988, donde también colabora en periódicos y revistas. Periodista, escritor y poeta, en sus narraciones se manifiesta con naturalidad y desenfado, ternura y sensibilidad y grandes dosis de humor.

DESIREÉ ES LA hermana pequeña de Lola. Viene los sábados por la noche y es una atracción añadida para el bar. Los miércoles muchos viene por el jazz en vivo, hay pocos garitos como éste en la ciudad. Pero los sábados el reclamo es Desireé.

Todos vienen por Desireé.

Tendrá, ¿18, 19, 20 años? Es más alta que Lola, y tiene la misma condición salvaje que su hermana mayor, sólo que dormida, suave. Hasta el nombre le sienta bien. En cualquier otra, sonaría a horterada, pero a Desireé es el único que le vale. Parece una de esa francesas guapas, no digo de las blandas, sino de las duras. Tiene unos ojos enormes, habladores como los de Lola, pero azules. Y un cuerpo de infarto. Todo el mundo habla de las tetas y el culo de Desireé. Yo también lo hacía, pero a fuerza de venir y de mirarme en Lola, sentí que era una falta de respeto. No entiendo lo que me pasa con Lola. Yo ya no puedo sentir. Yo sólo bebo. Y hago paquetes.

El caso es que intento no mirarle el culo a Desireé. Ni la tetas. Al fin y al cabo resultará que no soy la basura que pensaba.

Estudia Sociología. A veces me cuenta sus proyectos y yo asiento y callo, para no desanimarla. Pese a su cuerpo, es etérea. Oye las barbaridades que le murmuran los clientes y sólo sonríe. Parece inocente. No digo que no haya follado, pero parece una chica... Sana. Como si tener esos ojos, ese cuerpo, ese culo y esas tetas

no fuera su culpa. Lee bastante. Alguna noche nos hemos quedado, Lola, ella y yo, charlando hasta el amanecer, y me ha parecido sensata. Pero lo malo es que tiene todo eso, y tan bien puesto, que tiene que ser muy dulce abrazarla desnuda. Trato de no pensar en eso. Pero no siempre lo consigo. Esa es Desireé. Un peligro con piernas largas y cintura breve. Una jodida tentación.

Y hoy, que no es sábado ni miércoles, creo que es domingo, en el bar no está Lola, sino Desireé. Beberé un par de cervezas y me marcho. Hay poca gente y cerrarán temprano. Lola está en cama, con catarro, y su hermana ha venido a abrir el bar. Le ha dicho que yo la ayudaría. Busco una excusa pero suena el teléfono y es Lola. Me cuenta que está jodida pero con los antibióticos espera ponerse mejor. Y tiene que pedirme un favor. Oh, no.

—Échale una mano a la pequeña, Poe. Quédate hasta que cierre y si ese coche tuyo arranca, llévala a casa de mi madre, por favor. Se ha peleado con el novio y no vendrá a buscarla. Confío en ti.

Digo a todo que sí, resignado. Y trato de no mirar durante la noche el culo y las tetas de Desireé. Además, me digo, puede que su noviete venga a pedir perdón y la lleve a casa. Es lo que yo haría si aún creyera en algo. Y si tuviera a Desireé.

Pero el idiota no viene. Además de borracho, me estoy volviendo presumido. ¿De qué

me preocupo, si ella nunca querría nada conmigo? Y está Lola. Ha dicho «confío en ti». Cada vez que alguien me dice eso, poco después está diciendo «confiaba en ti». O cosas peores.

Y Desireé me sonríe. Como siempre, me digo, pero temo que no sea como siempre. Detalles. Se inclina más de lo habitual sobre la barra cuando habla conmigo o para alcanzarme vasos que llevar a las mesas, y por el escote de su vestido asoman dos tetas que, joder, tenía razón el poeta, son dos palomas. Y no lleva sujetador, Newton era un calzonazos con peluca, su Ley vale para las manzanas, pero no para las tetas de Desireé.

Dejar de beber. Esa es la solución. Pido un café. Solo. Doble. Algunos clientes, los que me conocen, abren los ojos y hasta el Flautista sacude la cabeza como si no entendiera. A este paso, bebiendo café a las dos de la mañana, arruinaré mi sólida fama de borracho.

El Flautista. Ésa es la clave. El Flautista duerme aquí cuando el bar se cierra, por esa debilidad que siente Lola por los gatos callejeros. Tranquilo, entonces, si está el Flautista, no hay peligro en el bar. Sólo habrá que cuidarse durante el trayecto hasta la casa de su madre, o acaso ofrecerme a llevar, de paso, a alguno de los borrachos rezagados. Todo irá bien.

Y sigo pensando eso hasta que, en la plazoleta, fumando, veo a El Loco. Hoy no puedo salir a acompañarlo en su ritual demente. Me asomo a la puerta y niego. Pero el maldito loco saluda, camina hasta el centro de la calle y se tiende sobre el asfalto con los brazos en cruz. En ese momento pide la cuenta un grupo de clientes y Desireé y sus tetas me llaman. Joder. Cuando vuelvo a mirar, El Flautista está en la acera, junto a El Loco, fumando. Se levantan y se van. Joder. El Flautista, no. Los pierdo de vista y supongo que el músico acompañará esta noche la ceremonia suicida de El Loco, más allá de la curva, tocando algo grave mientras el otro espera la llegada de un coche que le pase por encima y lo lleve hasta el cielo, que debe estar en otra parte. Estoy harto de majaras, me digo. De verdad.

De pronto, sólo quedamos Desirée y yo.

Es temprano, pero tengo urgencia por cerrar. Recojo las sillas, bajo una de las persianas metálicas.

—El Flautista volverá en cualquier momento —digo y se siento imbécil.

Desireé ríe, con su risa frágil de chica sana, y dice:

—Que lo follen a El Flautista. Dime: ¿te gustan mis tetas? Venga, que no has hecho más que mirarlas toda la noche...

Sale de la barra. Se acerca. Joder. Joder.

—No te disculpes, Poe. Si me gusta que las mires. ¿Por qué crees que me quité el sujetador a mitad de la noche? Baja esa persiana y ven aquí.

—Déjalo, Desireé...

Nunca pensé que tuviera tanta fuerza. Baja la persiana de un golpe y quedamos dentro, aislados.

—Mira, Poe, sé que te gusta mi hermana. Y tú a ella. Estás tan arruinado que lo entiendo. Además, está tu libro....

—¿Mi libro?

—El de poemas. Tiene un montón de años pero Lola lo guarda como oro en paño y me ha leído poemas. Perdón, quiero decir que lo guardaba...

Manotea su bolso y saca el libro. Tan viejo y remoto como si fuera de otro. Entonces yo era otro. Lee en voz alta un viejo poema, y procuro recordar cómo era yo entonces, en qué creía. Desireé se ha bajado la cremallera del vestido mientras lee y lo ha hecho con una pericia que sólo da la práctica. El vestido cae cuando cae el poema. Y no sólo se había quitado el sujetador. No lleva nada. Es más espectacular de lo que pensaba. Desnuda es como la música de El Flautista encerrado en el baño cuando bebe de mas: te dan ganas de reír, de llorar, de volver a ser parido y morir otra vez.

—Eres un tío cachondo, Poe —dice ella—. Y estos poemas me ponen. Desde hace mucho. Fóllame.

—Desireé...

—¿Es por mi hermana? Si todos sus novios me follan. Desde que tenía doce años. Ella sólo se dio cuenta hace un tiempo, con el francés, ¿cómo se llamaba? Ah, sí: Bertrand. Tú lo conociste, fue el tío con el que montó el bar, hace tiempo. Yo entonces vivía en casa de Lola. Y ella nos pilló en su cama y se puso como una fiera. Con él. Mira que me había costado que se decidiera a follarme, porque el tío la quería. Pero al final cayó. Todos caen. Llevábamos horas así, quiero decir que me había follado varias veces —suelta una carcajada áspera—. Pero en ese momento me estaba comiendo el coño. Me encanta que me coman el coño. Y Lola tuvo que llegar cuando estaba por correrme otra vez. A mí me mandó a casa de mamá y a él no volví a verlo. Al día siguiente, me llamó para decirme que el sábado no le fallara, que había una fiesta en el bar. Nunca habló del asunto.

Mientras me cuenta todo eso, no deja de bailar al ritmo suave de jazz que sale de los altavoces y se derrama con timidez en el suelo, como si la música también se rindiera al verla desnuda. Sólo que a mí no me gusta esa canción.

—Bueno, basta de cháchara. ¿Vas a follarme o no? Son dos de 100.

—¿Qué?

—Que son dos billetes de 100. Roberto, el primer novio de Lola que me folló, cuando tenía doce años, me timaba. Me regalaba una flor por cada polvo y ni siquiera me compró la Barbie que me prometió. Pero desde entonces me he puesto al día. Y la tarifa ha subido. Son dos de 100.

—Déjalo, Desireé. Tú estás majara.

—¡Mira quien habla, el borracho que se tumba con El Loco a esperar que lo aplaste un coche! Sí, te he visto. Y no, no le he dicho nada a Lola, de momento. Pero siguen siendo dos billetes de 100. Eso no te lo cobro.

Se acerca, insinuante.

—¿Te horrorizas, poeta? Hace tiempo aprendí que los tíos sólo quieren follarme. Y algo tengo que ganar yo. Así me pagaré la universidad. ¿Te acuerdas de Navarrín, tu amigo?

—Ese no es mi amigo.

—Da igual. El me consigue clientes entre sus políticos y empresarios. Pero nunca ha querido follarme. Me parece que es marica...

—Vístete. No voy a follarte, ¿oyes? Tu hermana confía en mí y esto es ridículo. Además, no tengo dos billetes de 100.

Suelta una risa extraña. Y se acerca más.

—Eso es lo que me gusta de ti: siempre tienes una salida ocurrente. Vale, no me folles. Pero siguen siendo dos billetes de 100.

—¿Qué dices?

—Eso. No me folles si no quieres, pero la tarifa es la misma, o llamo ahora a Lola y le digo que has intentado follarme. ¿A quién le creerá, a su hermanita acosada o a un borracho vicioso?

—Sigo sin tener dos de 100.

—No importa. Me los debes. No irás lejos.

Joder. Si me la tiro, son dos de 100. Y le fallo a Lola.

Si no me la tiro, también son dos de 100.

Abro mi pantalón y esa traidora, ese maldito trozo de carne sin cerebro, está preparado y a punto. Me desnudo porque para hundirse hay que hacerlo del todo. Decido vengarme y no, no le comeré el coño. Aquí mando yo, me digo.

> Abro mi pantalón y esa traidora, ese maldito trozo de carne sin cerebro, está preparado y a punto

Mientras la tumbo sobre la barra y me monto encima, pienso que soy un maldito hijo de puta y además idiota, que esta tía está majara y lo primero que hará será contárselo a Lola, que igual Lola también está loca y todo eso lo han montado entre las dos para volverme loco. Y me vuelvo loco, empujando y tratando de dañar, pero a ella le gusta y se ríe y grita. Cuando todo termina, resoplando, dice:

—Para tu edad y lo hecho polvo que estás, todavía das guerra, Poe.

Entonces suena el teléfono del bar. Sólo puede ser Lola.

Desireé baja al suelo y descuelga. Sentado en la barra, con las piernas colgando en el aire, me siento derrotado, ridículo.

—Sí, todo bien, Lola. No mucha gente, no. Todavía quedan algunas mesas. Una hora o así. Ha ido a comprarme algo de comer, ahora viene. Muy majo, sí. Me ha ayudado mucho. Hasta mañana.

Cuelga. Mientras hablaba, había vuelto a

parecer la chica buena y sana que conocía, la dulce Desireé.

—Mi hermana siempre ha cuidado de mí —dice.

Y el siempre suena de un modo que me da miedo.

Mete la cabeza entre mis piernas y empieza a lamer, a despertar sensaciones, a no dejarme pensar. Si sigue así, pronto todo empezará otra vez. Hasta un muerto resucitaría con la boca de Desireé.

Levanta la mirada, y dice, sin sacar eso de su boca:

—Me sigues debiendo dos billetes de 100.

Estoy harto de majaras.

Relato: Tu cara me suena

Por Carlos Pérez Merinero

Carlos Pérez Merinero (1950 - 2012) fue guionista de cine y novelista. Debutó con 1981 con la novela *Días de guardar,* convirtiéndose rápido en el iconoclasta de la novela negra española. Calificado por algunos de borde, cutre y amoral, ha desarrollado varias novelas en las que destaca el monólogo del antihéroe en primera persona. "Tu cara me suena" es uno de sus relatos más divertidos, que muestra todas sus constantes.

CREÍ QUE MATANDO me convertiría en alguien, y, en lugar de eso, me he convertido en un asesino.

Me pregunto qué es preferible: ser un asesino, que es lo que soy ahora, o un tímido, que es lo que era entonces.

Entonces. Dice uno, escribe uno, "entonces", y parece que han pasado años. Exagerando, aunque sea mucha la exageración, "toda una vida".

Y no, sólo han pasado… ¿Cuántas semanas han pasado? ¿Una? ¿Dos? ¿Tres? ¿Ninguna?... Probablemente, toda una vida.

Ninguna, desde luego, no, porque el tiempo pasar, pasa, y se vive. Y no se vive fuera del tiempo, en ninguna semana, en ninguna parte. Se vive aquí y ahora, o, como mucho, y ya es concederle posibilidades a la vida, allí y entonces.

Entonces. Escribe uno "entonces", y no, no ha pasado toda una vida. ¿Qué vida va a pasar? ¿La mía? Lista está, estaba mi vida, en aquel entonces. Como para que le pasaran peripecias que contar.

Pero no quiero hacerme el desmemoriado. Yo, que para empezar esto, cualquier cosa que sea esto, lo he hecho hablando, escribiendo, de vidas y de semanas, semanas o días, pasados. No, no quiero hacerme pasar, ya que del pasado me ocupo, por un desmemoriado.

Un desmemoriado que, mira por dónde, no se acuerda ahora de cuándo comenzó todo.

Todo. Qué bendición poder escribir de todo, y no de nada. Sí, qué alegría debe ser escribir de todo, y no de nada, como yo, que, hasta ahora, nada de nada. Como si no hubiera escrito nada.

Bueno, nada de nada, tampoco. Tengo más arriba dicho, dicho y escrito, que me he convertido en un asesino. Y no en un asesino de mujeres cualquiera, no en cualquier asesino. Me he convertido en un asesino de mosquitas muertas.

Mosquitas muertas. El "muertas" puede —¿sólo puede?— que sobre. Si me he convertido en un asesino, las mosquitas tienen que estar muertas. Si no, qué clase de asesino sería.

A lo largo de mi vida, he sido una calamidad en muchas cosas —un simple ejemplo: cuando pregunto por una dirección y me dicen "coja por la segunda a la derecha, después tuerza, y cuando vea la boca de Metro, no, no se meta por la primera, sino por la tercera, y luego cruce a la siguiente bocacalle", yo voy y me pierdo; me pierdo y llego tarde a las citas; por seguir con los ejemplos simples: a la cita con tu próxima víctima—, lo repito: a lo largo de mi vida he sido una calamidad en muchas cosas, pero no en matar mosquitas, insisto, muertas.

No, no fue un consejo de mi madre. A las madres se les suele atribuir, no sé por qué, el origen de muchos —qué digo muchos, muchísimos problemas relacionados con la mente, la mente asesina—, a las madres, a las madres de los otros, matizo, no a la mía, se les suele achacar, sí, la causa de algunos problemas mentales que hasta pueden llevar al crimen.

En mi caso, no fue mi madre la que me condujo a lo que he acabado siendo. Y no, no la estoy defendiendo de nada. De hecho, fue una de las primeras mosquitas muertas que maté.

Accidentalmente, pero la maté. Yo sé que fue "accidentalmente", y con eso me basta para tener la conciencia tranquila. Mi conciencia de alguien, un don nadie, que se ha convertido en un asesino.

"Mamá, ¿por qué no bajamos por las escaleras, en vez de por el ascensor, y así haces ejercicio?". Y bajamos por las escaleras. Y no, no la empujé. Ella misma se hizo un lío con las piernas, ay, y esquela al canto.

"No te fíes de las mosquitas muertas", fue el consejo que me dio, no mi madre, no, sino una amiga suya, algo así como una hermana para ella. La hermana que no tuvo, y yo, también es casualidad, tampoco.

Juguemos, aunque sólo sea por un momento, a la familia ficción. ¿Qué hubiera sido de mi vida de haber tenido una hermana? Se me ocurre cada cosa, que mejor dejarlo.

Cuando la amiga de mi madre, esa que era poco más o menos una hermana para ella, cuando la amiga de mi madre, decía, me aconsejó que me alejara de las mosquitas muertas, me entró —así, de repente; antes no la tenía— una afición que, criticable o no, enseguida se metió muy dentro de mí.

Tan dentro se me metió que esa misma tarde maté mi primera mosca. Le cogí el gustillo y ya no hubo tarde —tarde, mañana o noche; de noche, con la ayuda de una linterna; no soy, qué pena, uno de esos animales noctívagos que se mueven de maravilla en la oscuridad—, le cogí el gustito, escribía, a matar moscas, y cualquier hora era buena. El caso era matarlas.

El salto fue natural. Como saltar de la "A" a la "B", y luego a… A matar mujeres, a qué si no. Primero moscas, y después mujeres. Mosquitas muertas. Esas de las que según la amiga de mi madre, su casi hermana, mi tía putativa,

no me podía fiar. Otra que no había leído a Freud, pero que adoctrinaba a la tropa a base de bien.

Y yo, claro, me dejé adoctrinar, y empecé a convertirme en alguien. En alguien que mataba. Que mataba mosquitas muertas.

No sé si lo he dicho yo, y si no, lo digo ahora —que para eso creo que se inventó la escritura, para poner en su sitio, o sea, aquí, lo que uno sospecha que no se ha explicado antes; aunque se haya explicado, y uno se olvide de la tal circunstancia y caiga en la pesadez de que el texto quede ahora redundante—, no sé si lo he dicho, y si no, me precipito a decirlo, que si bien una cosa llevó a la otra, matar mujeres no es lo mismo que matar moscas.

Las moscas te ven venir, pero las mujeres más, mucho más. No hay punto de comparación. De ahí la dificultad de la maniobra, o si se quiere expresar de otra manera, si no igual, parecida, de ahí la dificultad de la obra. Más aún si el autor es un tímido, como siempre ha sido mi caso.

Un tema poco estudiado este de la timidez. He leído por ahí cositas sueltas, pero ningún manual convincente, convincente y universitario, ya de entrada indigerible por su número de páginas.

He leído por ahí cositas, decía, pero nada que le haya convencido al tímido irredento que soy, que durante toda mi vida he sido. A esos articulillos les faltaba, amén de base teórica, experiencia práctica. Se notaba que no los había escrito un tímido. Un tímido que conociera a los tímidos.

Vayamos de una vez con el problema básico: ¿Cómo acercarse a una mujer o, por mejor o peor decir, a una mosquita muerta, siendo un tímido? Yo, a falta de manuales más o menos indigeribles, me dejé llevar —entonces desconocía, como siempre lo he desconocido todo, salvo el fracaso, que donde me dejaba llevar era cuesta abajo—, a falta de manuales que uno, es decir, yo, pudiera comprar en librerías, por muy especializadas que fuesen estas librerías, me dejé llevar, escribía, por lo que contaban en el colegio, y luego en la universidad, los que tenían fama de ligones.

La cosa, al parecer, era bien fácil. Bien fácil para ellos. Bastaba acercarse a una chica —quien dice chica, dice mujer; una chica es una mujer, ¿no?—, bastaba acercarse a una mujer chica, aunque no necesariamente pequeña y rozando el enanismo, y decirle: "Tu cara me suena".

Y a partir de ahí se suponía que se había roto el hielo y que ya sólo había que parlotear de esto y de lo otro hasta… Hasta donde diera de sí el invento, el invento calenturiento, que, paradójicamente, rompía el hielo.

"Tu cara me suena". Uno, yo, lo repetía ante el espejo, y cuanto más lo repetía, más acabado y redondo me quedaba. "Tu cara me suena", "Tu cara me suena", "Tu cara me suena"… Y me sonaba, claro. ¡No me iba a sonar! Era la mía. Mi cara de pánfilo, allí en el espejo, igualita, igualita, a la que llevaba puesta en la realidad.

Las primeras —las primeras, las segundas y las terceras—, las primeras tentativas en la calle, y no en casa, en la soledad del espejo, compartida con mi doble, no dieron el resultado esperado, no. La que no me mandaba a tomar por ahí, me mandaba a tomar por allá; la que no se acordaba de mi padre, se acordaba de mi madre —no conocían la existencia de su amiga y por eso no la mentaban—; la que no me llamaba machista, me descalificaba con una palabra que terminaba en "on", y que nunca supe si era "mamón" o "maricón", porque por si las moscas, las mosquitas muertas, habían salido corriendo y me encontraba, echando el bofe, a cientos de kilómetros de distancia.

Hasta que un día pasó lo que ya pensaba que no iba a pasar nunca. No era una chica ya, no; tenía sus años. No era una vieja, qué va, pero tenía sus años. Más o menos los que yo. Más en los treinta que en los veinte. Vaya por Dios, acabo de confesar algo que no quería: no soy ningún chiquillo.

Hasta que un día, lo he escrito más arriba, pasó lo que ya pensaba que no iba a pasar nunca. Veo venir a una mujer por la acera, y le digo, sin tartamudear ni nada, como tantas muchas veces antes me había ocurrido, y le digo, sí, "Tu cara me suena".

No había tartamudeado, no, pero la voz no me había salido del cuerpo y ella no acertó a descifrar lo que no había oído. "¿Cómo dices?", preguntó, me preguntó, y me vi venir una bofetada o algo peor. Pero no, en su cara, ésa que sonaba, lo que había era una sonrisa. ¡Me estaba sonriendo!

Me vine arriba —aún no sé cómo— y repetí mi jaculatoria: "Tu cara me suena".

"¡Pero ¿cómo no te va a sonar?!", exclamó, con la sonrisa ya para siempre instalada en sus labios. "Si soy la prima de…". Y soltó el nombre de un supuesto amigo mío. Supuesto, he dicho, he escrito, porque yo, por unos principios que no vienen ahora aquí a cuento, no tengo, ni he tenido nunca, amigos.

Rememoró peripecias de un verano en el que nos lo pasamos muy bien —su primo, los amigos de su primo, ella y yo—, rememoró peripecias veraniegas, decía, en las que, según su parecer, no nos lo pasamos mal de todo —requetebién nos lo pasamos—, pero yo de nada de eso me acordaba. Y no me acordaba, no por amnésico u olvidadizo, no. No me acordaba porque nada de eso, nada de eso que me contaba, había sucedido.

Pero qué más daba, qué más me daba a mí la confusión. Había ligado. "Tu cara me suena" había por fin logrado su objetivo, y allá películas.

Ahí estábamos ella y yo, compartiendo un pasado que sólo era suyo, pero en un presente en el que con vistas al futuro, decidí seguirle la corriente, por si ese futuro podía ser algún día suyo y mío, de los dos.

Nos habíamos conocido, habíamos compartido un verano estupendo, y después, la vida, las circunstancias de la vida, nos habían separado.

Pero olé sus cojones, los cojones de la vida. El mismo azar que nos separó, nos había vuelto a unir al cabo de los años, aunque su cara siguiera sin sonarme.

Luego me sonó mucho. Tanto que llegué a odiarlas. A ella y a su cara. Pero al principio, los primeros días, las primeras semanas, no me cansaba de mirarlas, y no sabía qué me gustaba más, si ella o su cara, ésa que me sonaba sin haberla visto antes. Ésa que me sonaba, digamos, escribamos, de oídas.

A ella, no. A ella, mi cara, no es que le sonara, es que la tenía grabada. La tenía bien presente, inolvidable, por ser la jeta, mi jeta, la que se correspondía con la del amigo de su primo. Ese del que yo nunca fui amigo, ni nunca conocí, porque yo, justamente, era enemigo de tener amigos. Amigos que, acabáramos, eran encima primos.

Ella, no. Ella tenía amigos a montones. Una vez que decidí adoptar mi nueva personalidad —la táctica "Tu cara me suena" había funcionado y merecía la pena que hiciera, que yo hiciera, un esfuerzo—, una vez, sí, que tomé la decisión de aceptar que en el pasado había tenido amigos —y si no amigos, en plural, uno que era un primo—, dejé que me presentara a los suyos, a sus amigos. No a todos, porque tenía muchos, pero sí a algunos. Algunos y algunas, porque también tenía amigas.

Y ahí estaba el problema: en sus amigas. No podía ver a ninguna, pero nos encontrábamos con ellas continuamente. A veces, de una en una; otras, en grupo.

Tras esos encuentros, no paraba de criticarlas por esto o por lo de más allá. Todas, todas sin excepción, le habían hecho algo en el pasado. Algo que no era precisamente echarle piropos en público.

A mí, unas me caían simpáticas, y otras, no tanto. Algo normal cuando conoces a gente nueva. Unos te gustan, y otros, no. Ella, sin embargo, no hacía excepciones. Ninguna de sus amigas le gustaba. "Las mataría a todas".

"Las mataría a todas", es lo que solía decirme. Y yo, claro, lo tomaba como una simple —sí, sí, simple—, y yo lo tomaba, escribía, como una simple, ay, exageración verbal.

Dices que alguien no te cae bien, y añades: "Le pegaba dos tiros". Pero sin mala intención, sin ánimo de hacer daño ni nada. Sólo por desahogarte.

Pero no. Ella quería matarlas. Matarlas y matarlos; terminó incluyendo hombres en su lista. ¿Hará falta precisar que negra, negra la lista?

Nunca me enseñó esa lista, esa lista negra. Me encargaba los casos uno a uno. "Ve a por

> Nunca me enseñó esa lista, esa lista negra. Me encargaba los casos uno a uno. "Ve a por ésa"

ésa", "Ve a por ése", y me daba un folio —nunca más; sabía que soy mal lector, y que yo de la contraportada de los libros no paso; la única excepción que recuerde de un libro que haya leído entero es Robinson Crusoe, y fue medio obligado por un profesor de Literatura, que me consideraba, vaya vista de lince, un solitario, y que puede que pensara que, leyéndolo, me sentiría menos solo y compartiría experiencias; Freud y sus discípulos; más de doce tuvo el buen hombre—, me encargaba los casos uno a uno, decía, escribía, y yo cumplía como un pepe con el trabajo que me había, ella me había, asignado, procurando no leer más de la cuenta.

No diré, no escribiré, que disfrutaba con lo que hacía —precisaré, eso sí, que me quedaba más a gusto matando mujeres que hombres; los pocos que pasaporté me condujeron directamente a una repugnancia que sólo se debe adjetivar como vomitiva; cortarles la polla, después de matarlos, como ella me exigía, era francamente asquerosito—, no, no diré ni escribiré que disfrutaba con lo que hacía, pero si a ella le gustaba, quién era yo para contradecirla. Después de todo, había aceptado de buena gana que su cara me sonaba.

No me daba explicaciones, ni yo se las pedía. Si me decía "Ésa" es que era "esa". Me entregaba el folio donde había muy poco que leer y "Ésa" seguía siendo "esa" sin lugar a equívocos.

A veces —bastantes veces— no se fiaba de mi lectura de sus folios, es decir, de su folio, y los dos seguíamos y vigilábamos a su víctima hasta que ya estaba lista. Entonces, yo la mataba. Ella ni siquiera se quedaba para mirar. Con verlo en los periódicos o en la televisión se conformaba. Presumía de que no era morbosa.

No, no me daba explicaciones. Lo que sí me daba eran caricias y pedacitos de eso que llaman amor. No me quejaba. ¿Qué más quería? ¿Qué dijera que me amaba? ¿Qué quería besar mis manos manchadas de sangre?

¡Mis manos manchadas de sangre! ¡Qué manera de hacerme el interesante, el criminal interesante! Nunca —nunca, insisto— me manché las manos de sangre. De sangre, ni de nada.

La sangre, siempre, desde niño, me ha desagradado. Ver sólo unas gotas y mirar para otro lado ha sido en mí un gesto de esos que llaman instintivo.

Mi instinto no soporta la sangre, no. Puede soportar, y yo con él, yo con mi instinto, que mis manos aprieten un cuello hasta decir basta, o que un historiado bastón de caballero empale el trasero de una dama hasta destrozarla por dentro. O el ácido, destruyendo, no ya la cara, sino el cuerpo entero de una señora o señorita que nunca más será de buen ver.

Soporté todo esto, y más, y no me importaba. ¿Por qué iba a importarme si disfrutaba con ello? El método que empleaba solía variar de un caso a otro, aunque no diré, no, no escribiré, que nunca me repetía. Quien se ha dado el gusto de meterle fuego a un cuerpo recién rociado de gasolina no creo que pueda resistir la tentación —¡ay, las tentaciones!— de volver a hacerlo; yo, desde luego, no; no, no resistí la tentación. El método que empleaba solía variar de un caso a otro, decía, escribía, pero fuera el método que fuese, ya he dejado constancia de que gozaba con lo que hacía.

Como también disfrutaba cuando ella me pedía —me "exigía" sigue siendo el término correcto— que le contara con detalle lo que había hecho. Y yo se lo contaba, se lo contaba con detalle.

Y cuando se lo contaba, no había ocasión en que no lo hiciera, diciéndole que la primera frase que le soltaba a las que ya eran mis víctimas, aun estando todavía vivas, se componía de cuatro palabras: "Tu cara me suena".

Y al oírlo, ella, ella y yo, lo festejábamos con risas, como si eso, esas cuatro palabras —"Tu cara me suena"— fuera lo más gracioso que pudiera salir de unos labios tímidos como los míos.

Pero todo se acaba en esta vida. Llegó el momento, sí, en que ya no quedaron mujeres con las que ella quisiera saldar cuentas, y me dijo que esa noche, la noche en la que no quedaban cuentas que saldar, íbamos a salir a cenar para celebrarlo.

Para celebrar qué. No lo entendía. No, no entendía, yo no entendía, que hubiera que celebrar que aquello —cualquier cosa que fuese aquello— hubiera terminado.

Yo no quería que terminase. Yo lo que quería es que ella me dijera, me exigiera, me ordenara, a por quién había que ir, e ir. Ir y chamuscarla, empalarla o lo que fuera —y si fuera sin repetirse y sin sangre de por medio, mejor—, ir, sí, y acabar con quien hubiera que acabar: esas mujeres cuyas caras no me sonaban al principio, pero que luego, al seguirlas, conocerlas de lejos, y, más tarde, o sea, bien prontito, matarlas de cerca, se me hacían tan familiares. Tan familiares que no es que me sonaran, no, es que me retumbaban dentro de la cabeza y no paraban de hacerlo hasta que las mataba.

Yo tenía que seguir con lo que había venido haciendo en los últimos tiempos, y no quería resignarme a dejarlo. Pero ella sonreía y me decía: "No me seas niño". Y nada de atender a razones, a mis razones.

La velada en la que ella celebraba que no quedaban cuentas que saldar se me iba haciendo cada vez más insoportable, y lo único que quería era volver a casa y ponerme a pensar. El ruido que había en el restaurante y sus risas —risas que yo no compartía— no me dejaban hacerlo. Pensar, a eso me refiero.

Me había quedado sin presente y sólo tenía pasado. Un pasado que contar. Pero ¿a quién? Ella, no sé si porque ya lo conocía, no quería que se lo contara.

Cuando yo trataba de rememorar algo de ese pasado —no sé; la vez, por ejemplo, en que maté a una de sus amigas que no eran amigas, colgándola de un poste de la luz, aun a riesgo de electrocutarme, y entré en el detalle de cómo la casi muerta se meó y se cagó encima, encima mía, que estaba debajo, viéndola agonizar; esa vez, sí, señaló nuestros platos y comentó: "Por favor, que estamos comiendo"— cuando yo trataba de recordar algo de ese pasado, escribía, me cortaba y me decía que estábamos comiendo y me reconvenía, repitiendo que no fuera niño.

Me había quedado sin presente, y el pasado tampoco parecía interesarle a nadie. Al menos, a ella. Tan poco contaba ese pasado que ya no me dejaba ni contarlo.

¿Y el futuro? ¿Cuál sería mi futuro? Me levanté de la mesa donde cenábamos, sin pedirle permiso ni excusarme, y, en el cuarto de baño, me miré en el espejo.

Gran invento éste de los espejos. Sobre todo, para pedir socorro. Tiene el inconveniente, eso sí, de que sólo te puedes pedir socorro a ti mismo. A ese mismo. A ese mismo, que bastante tiene con lo suyo, y que no anda ni con fuerzas ni con ganas, ni con nada, de salir en auxilio de los que, como tú, piden socorro en un espejo.

Volví a la mesa y me senté frente a ella. Dejó de remover con la cucharilla del postre lo que quedaba en su copa de vino, en un gesto en el que creí adivinar, pero no comprender, lo absurdo que era todo, y me miró.

Cómo saber qué había en su mirada. Me preguntó qué hacía, y yo le dije que mirarla, qué si no. "Por primera vez en mucho tiempo soy feliz", aseguró, y vi que sí, que su cara era la de una mujer feliz.

Y pensé, yo diría, yo escribiría, como lo estoy escribiendo, que hasta con orgullo, pensé con orgullo, insisto, que por fin había hecho feliz a una mujer.

Yo también, yo también había sido un hombre feliz, pero ya no lo era. Había dejado de matar.

No sé por qué lo dije, pero lo dije. Y se lo dije a ella, la mujer que tenía enfrente. Le dije, no sé por qué: "Tu cara me suena". Y dejó de sonreír. "¿Cómo dices?". Y se lo repetí. Y en su cara, esa cara que me sonaba, asomó muy lejanamente, pero asomó, algo que yo había aprendido a reconocer, gracias a ella, en los ojos de una mujer: miedo.

Pagamos y nos fuimos. Ya en la calle, nos quedamos de nuevo frente a frente, parados en la acera. Tras un silencio tan largo que no hay pareja que lo soporte, me preguntó: "¿Qué te apetece que hagamos ahora?"

No me ordenó, ni siquiera me sugirió, que matarla, y no respondí nada. Echamos a andar, y empecé a cavilar el método. Tenía que ser ya,

esa misma noche. Que no hubiera tiempo para arrepentimientos.

Y no, no quería repetirme. Ni repetirme, ni arrepentirme. No la mataría ni apretándole el cuello, ni empalándola con un bastón, ni lanzándole ácido a su cara, esa cara que ya me sonaba demasiado, ni rociándola de gasolina —qué ordinariez—, ni colgándola de un poste de la luz, para que luego se meara y se cagara encima. Encima mía.

Pero tenía que hacerlo ya, esa misma noche. Nada de dejar las cosas para mañana. Y luego, cuando se hiciera de día —porque siempre se hace de día; no sé cómo, pero se hace de día; siempre, hay que joderse, se hace de día—, y luego, después de matarla, cuando se hiciera de día, empezar a moverme otra vez por ahí, pero ahora con una nueva estrategia. Renovarse o... o eso: matar. Seguir matando.

Se acabó "Tu cara me suena". Me acercaré a ellas con un... ¡ya lo tengo!... "No nos conocemos, ¿verdad?". Y antes de que me den una bofetada, o llamen a un amigo, o hagan que se persone la autoridad competente, agregar: "Pues ya iba siendo hora".

Y soltar unas risas, y esperar que ellas se rían conmigo y me confirmen que no, que no nos conocemos de nada, que acabamos de hacerlo, y que ya iba siendo hora.

Pero lo primero era lo primero. Había que huir de este presente, que pronto sería pasado, y concentrarse en su muerte, en cómo matarla sin plagiarme.

Daba gusto, sí, daba gusto, ir con ella del brazo, por calles cada vez más solitarias, recreándome en el futuro, que pronto sería para ella pasado. Su pasado.

Hizo que nos detuviéramos, y me besó, puede —¿sólo puede?— que llevada por lo cómplice que se presentaba la soledad del lugar. Me gustó ese último beso y tanto me concentré en él —fue un buen beso, a qué negarlo— que cuando quise darme cuenta su lengua se había desentendido de la mía, y ésta, mi lengua, buscaba el aire como si le fuera la vida en ello.

Y le iba la vida, nos iba la vida, a mi lengua y a mí. No tardé en confirmarlo: me la cortó de un tajo. Cayó al suelo —mi lengua cayó al suelo—, pero yo no la miré. Miraba el cuchillo.

Podía verlo, y eso que nunca he tenido poderes mágicos, en medio de la oscuridad del lugar, solitario el lugar. Miraba el cuchillo, decía, escribía, y enseguida me percaté, sin ser experto en cuchillos, que era del restaurante donde "esa noche íbamos a salir para celebrarlo".

Miraba el cuchillo, y continué todavía mirándolo cuando la mano que lo empuñaba lo dirigió otra vez hacia mí. No pude gritar "¡No!" o algo parecido porque mi lengua y yo habíamos perdido la facultad de hablar —definitivamente tímidos los dos—, y, perdida el habla, sólo me restaba ser espectador de lo que allí ocurría.

Y lo que ocurría, ya lo he escrito —decirlo no lo he dicho, no, porque no puedo—, y lo que ocurría, no me canso de escribirlo, era que el cuchillo, su cuchillo que no era suyo sino tomado en préstamo del restaurante donde habíamos ido a celebrar algo que, según ella, merecía la pena celebrarse, y lo que ocurría, y que podía ver mi lengua desde el suelo —si es que las lenguas ven— es que yo, sí, yo, recibía una puñalada —cuchillada, más bien— a la altura del corazón, si no en el mismo corazón, mi corazón —¡y pensar que nunca le había llamado a una mujer "Mi corazón"!—, y si no en el mismo corazón, sí muy cerca, en un sitio de esos que ya no dejan, si es que alguna vez las hubo, esperanzas.

No la oí, no la oigo decir, no, "Tu cara me suena", ni menos "No nos conocemos, ¿verdad?". No dijo nada. Y eso que ella conservaba su lengua. La lengua que me besa antes de desentenderse de mí.

El recuerdo de su último beso hace que, como por encanto, el pasado deje de existir y me vea —los ojos los conservo— en el presente que supone estar aquí, en el suelo donde he caído, en medio de una oscuridad que no me impide verlas. A las dos: a ella y a la oscuridad.

Sí, he caído al suelo. Como mi lengua, la mía. Juntos en el suelo. La miro, a mi lengua me refiero, y no, no la reconozco, aunque estoy seguro de que es la mía, mi lengua. ¿De quién va a ser si no?

Y ella sigue sin decir, decirme, nada. Tiene lengua, su lengua, esa lengua que yo he mordido y restregado con la mía, pero no dice nada. Muda su lengua.

Levanto la mirada para tratar de ver en la oscuridad qué hay en la suya, en la oscuridad de su mirada, pero no alcanzo a vislumbrar nada. No veo sus ojos y no puedo leer nada en ellos. Nada. Qué sienten, qué…

¡Ay, Dios! Lo que acabo de sentir en los míos es dolor, un dolor que no puedo expresar con palabras porque no tengo lengua.

Me está sacando los ojos con el cuchillo y, como todavía tengo oídos, puedo oír, oír con lo que aún conservo, mis oídos, el plof, plof —un sonido inédito para mí, que nunca había escuchado antes—, y puedo oír, escribía, el plof, plof que producen mis ojos al caer al suelo, en el que ya estamos yo y mi lengua, los dos sangrando, cada uno a su manera.

Se me han caído los ojos, y no precisamente por falta de sueño, y antes de que se le ocurra hacer algo con mis oídos, escucho que dice, o creo que dice: "A nadie le va a sonar tu cara".

Y me la patea —a la cara me refiero—, pero a mí ya nada de eso, de esto, me importa. No tengo espejos en los que mirarme, ni ojos con los que mirar.

Sólo oídos. Oídos con los que oigo cómo vuelve a hablar para decirme: "Y ahora, cuéntalo todo, si es que sabes".

Y sí, saber sí que sé, o creo que lo sé. Lo que no sé es cómo. Cómo contarlo.

Escucho sus pasos al marcharse, y cuando vuelve el silencio, me digo que no quiero convertirme en un desmemoriado, y que de poder, de poder hacerlo, empezaría diciendo, es decir, escribiendo, que alguna vez creí que matando me convertiría en alguien, y que lo único que he conseguido —¿será bastante?— es acabar como he acabado: oyendo unos pasos que se alejan, y luego, el silencio.

El silencio del que ya mató lo que tenía que matar, y no tiene más que escribir, más que decir. Ni siquiera morderse la lengua.

Madrid, Febrero de 2011, a mediados de mes, cuando se celebra el día de San Valentín, cosa de enamorados.